Nicola Bardola

Lies doch mal!

Ganz aktuell –
Die 50 besten Kinder- und Jugendbücher

omnibus

Foto: © privat

DER AUTOR

Nicola Bardola, geboren 1959 in Zürich. Studium der Germanistik, der italienischen Literatur und der Philosophie in Bern, München und Zürich. Abschluss 1984 mit einer Arbeit zu den »Theorien ›moderner‹ Lyrik«. Nach Stationen als Redakteur (Münchner Buch Magazin, Die neuen Bücher), Bibliothekslektor (Internationale Jugendbibliothek) und Verlagslektor (Karl Blessing, C. Bertelsmann Jugendbuch) lebt er seit 1999 als freier Journalist und Übersetzer aus dem Englischen (u.a. C. D. Payne) und aus dem Italienischen (u. a. Randa Ghazy) in München. Er ist ständiger Mitarbeiter u. a. beim Börsenblatt für den Deutschen Buchhandel.

Nicola Bardola

Lies doch mal!

Ganz aktuell –
Die 50 besten Kinder- und Jugendbücher

omnibus

OMNIBUS
ist der Taschenbuchverlag für Kinder
in der Verlagsgruppe Random House

Umwelthinweis:
Alle bedruckten Materialien dieses Taschenbuches
sind chlorfrei und umweltschonend.

1. Auflage
Erstmals als OMNIBUS Taschenbuch Oktober 2005
Gesetzt nach den Regeln der Rechtschreibreform

Umschlagillustration: Sabine Wilharm
Innenillustrationen: Anabel von Sperber
Lektorat: Frank Griesheimer
Umschlaggestaltung: Basic-Book-Design, Karl Müller-Bussdorf
Ku · Herstellung CZ/SZ
Satz: Buch-Werkstatt GmbH, Bad Aibling
Druck: GGP Media GmbH, Pößneck
ISBN 3-570-27039-4
Printed in Germany

www.omnibus-verlag.de

Der schöne große Knopf, schön angebracht unten auf dem Ärmel eines Mädchenkleides. Das Kleid auch schön getragen, über amerikanischen Stiefeln schwebend. Wie selten gelingt mir etwas Schönes, und diesem unbeachteten Knopf und seiner unwissenden Schneiderin gelingt's.

Franz Kafka, *Tagebuch, 27. September 1911*

Den Worthunger wecken

Als ich einem Literaturkritiker von meinem Vorhaben erzählte, fünfzig beste Bücher der letzten zehn Jahre vorzustellen, sagte er nur: »Mutig.« Damit meinte er weniger meine Absicht, ohne zu langweilen über all die Bücher zu schreiben, sondern eher die Notwendigkeit, sich für fünfzig beste Titel zu entscheiden. Ich will nicht verhehlen, dass es fünfzig andere Titel hätten sein können. Bei der Vorbereitung hatte ich sehr lange Listen bester Bücher. Alle Informationen, die ich gesammelt und ausgewertet habe, können nicht verhindern, dass meine Auswahl subjektiv und persönlich ist. Letztlich haben die Struktur, nach der dieses Buch gegliedert ist, und vor allem meine Vorlieben und meine Leidenschaft entschieden.

Die Reihenfolge ist chronologisch nach Erscheinungsjahren und innerhalb eines Jahres jeweils nach Kinderbuch, Jugendbuch, Sachbuch und Hörbuch gegliedert. Dazwischen empfehlen prominente Liebhaber guter Kinderliteratur ihr »Herzensbuch«. Zehn Bücher waren dadurch festgelegt (und sprengen manchmal den zeitliche Rahmen), für vierzig habe ich mich allein entschieden.

Die Qualität eines Buches ist keine absolute Größe, sondern auch vom Rezipienten abhängig. Wer liest welches Buch wann und in welcher Stimmung? Bei Kinder- und Jugendbüchern ist der situationsabhängige Lesemoment noch viel wichtiger als bei der Belletristik für Erwachsene. Dasselbe Buch von demselben Kind ein Jahr früher oder ein Jahr später gelesen, kann furchtbar langweilen oder für immer für das Lesen begeistern. Deshalb ist es wichtig, Kinder beim Lesen zu begleiten, ihre Reaktionen zu beobachten, um dann besser einschätzen zu können, für welche Bücher sie in welchen Lebenslagen offen sind. Das setzt voraus, dass Erwachsene die Bücher, die sie empfehlen, selbst kennen.

»Kinderliteratur ist ja, wenn sie nicht mittelmäßig ist, immer eine Literatur größter Anforderung: Sie muss Kindern und Erwachsenen gleichermaßen gefallen.« Dieser Satz von Hans-Joachim Gelberg scheidet die Geister. Goutieren können literarisch interessierte Erwachsene manch Kinderbuch nicht, das den Kleinen die Welt zur großen Literatur erst öffnet. Ich habe hier nur Werke ausgewählt, die über die Altersgrenzen hinweg die Leser begeistern.

Ich arbeite einerseits mit dem Handwerkszeug eines Rezensenten, andererseits mit einer literaturkritischen Kategorie, die im Germanistikstudium nicht vorkommt. Ich nenne sie »Grad der Notwendigkeit«. Damit beurteile ich den existenziellen Druck beim Entstehungsprozess von Texten. Im Idealfall spüren die Leser, dass der Autor sich beim Schreiben in einer Situation befand, die der Angst vor dem leeren Blatt diametral entgegengesetzt ist: Es ist die Angst, kein leeres Blatt, keinen Stift parat zu haben, um das zu notieren, was sich im Verborgenen geformt hat. Dieses sprachliche Obligatorium versuche ich zu erspüren. Formal fehlt dann oft der schöne Schliff, manchmal knirscht es im Erzählgebälk, da viele dieser Bücher Debüts sind. Uri Orlevs *Bleisoldaten* ist ein Beispiel dafür.

Bei der Arbeit an diesem Buch fiel mir das Weglassen vieler wichtiger Bücher am schwersten. Ich denke auch an Texte, die ich übersetzen durfte: Randa Ghazys meisterhafte, verzweifelt atemlose Erzählung *Palästina, Träume zwischen den Fronten* über Friedenssehnsucht und Rachegedanken palästinensischer Jugendlicher (Ravensburger, 2002) oder Jesse Martins *Lionheart – Mit vollen Segeln um die Welt,* der über 340 Seiten umfassende Bericht einer unvergleichlichen Willensanstrengung beim geglückten Versuch, als jüngster Einhandsegler allein, nonstop und ohne fremde Hilfe die Welt zu umsegeln (Arena 2001 / Frederking & Thaler, National Geographic 2005).

Noch ein Wort zum Titel: Dieses Buch ist auch als ein Beitrag zur Lesemotivation gedacht. Jeder Buch-Tipp soll den Worthunger wecken. Aber wehe, jemand zwingt Kinder zum Lesen! Das ist als Warnung, der Titel »Lies doch mal!« hingegen nicht als Befehl gemeint. Lesen bedeutet Freiheit. Roberto Piumini sagt: »Denn das ist das Schreiben: ein Zeichen, ein Ruf an das Denken. Und das Lesen ist die Antwort, die das Denken gibt.« Darauf und auf bleibende Werke der letzten Dekade möchte ich hinweisen. Die hier empfohlenen Bücher kann man Kindern und Jugendlichen bereitstellen, aber man soll sie ihnen nicht aufdrängen. Und was hat das Kafka-Zitat damit zu tun? Kafka für Kinder? Ich habe es bei Günter Ohnemus in *Der Tiger auf deiner Schulter* gefunden. Es besagt, dass Texte, die bleiben, den Blick immer auch auf Schönes im Unbeachteten richten.

Nicola Bardola

München, im Juli 2005

Wörter wie feuchte Frösche

1996
Paula Fox
Inselsommer

Eine Winterlandschaft. Zwei Krähen saßen auf einem Zaun, der sich schräg über ein schneebedecktes Stoppelfeld bis an den Horizont erstreckte. Elizabeth mochte dieses Bild gern und sie hatte es Gran einmal gesagt.

»Es sieht genau aus wie die Landschaft, die ich im Winter vor dem Fenster sehe. Darum mag ich es so.«

»Magst du nur, was du erkennen kannst?«, hatte Gran gefragt. Sie schien wirklich interessiert an Elizabeths Antwort.

»Wie kann ich etwas mögen, das ich nicht erkenne?«, hatte Elizabeth nach kurzem Überlegen gefragt.

»Warum musst du alles mögen?«

Elizabeth war sprachlos.

»Ich meine«, fuhr Gran ungewöhnlich sanft fort, »man sollte die Welt nicht zweiteilen in das, was man mag, und in das, was man nicht mag. Kannst du dich nicht einfach nur für etwas interessieren? Ohne Gedanken daran, ob du es magst oder nicht?«

Viele kluge und anrührende Dialoge und Ereignisse prägen dieses Buch. Natur, Farben, Lichter und Schatten werden kunstvoll in die Schilderungen der letzten Sommertage der Großmutter Cora mit ihrer Enkelin Elizabeth eingefügt.

Die 11-jährige Elizabeth soll die Sommerferien bei ihrer einsam und zurückgezogen lebenden Großmutter auf einer kleinen Insel in der Penobscot Bay, oben in Maine, fast auf der Höhe von Montreal, verbringen, denn zu Hause dreht sich alles um ihren neugeborenen Bruder. Elizabeth fühlt sich in den kalten Norden abgeschoben und empfindet zunächst Unbehagen in der neuen Umgebung, in Grans Holzhütte ohne fließendes Wasser, Strom und Telefon, dafür mit Handpumpe und Holzofen. Elizabeth muss sich wohl oder übel an das einfache Leben gewöhnen. Die Offenheit und die Ruhe der Großmutter überraschen jedoch das Mädchen. Es fühlt sich einerseits herausgefordert, andererseits ernst genommen und beginnt, die Schönheit der sie umgebenden Natur mit den Augen der alten Malerin wahrzunehmen. Abends, wenn Gran müde von ihrer Arbeit an der Staffelei ist, hört Elizabeth ihr gerne noch zu. Gran erzählt Familiengeschichten, von denen die Enkelin nichts ahnte. Allmählich entstehen, für die Romanfiguren und ebenso für die Leser kaum wahrnehmbar, Zuneigung und Vertrauen zwischen Enkelin und Großmutter.

Elizabeth lernt bei einer Inselwanderung Aaron kennen. Als sie sich wieder treffen, fragt er sie, ob sie etwas zu essen dabei habe. Sie antwortet mit einem Gedicht, von dem Gran ihr erzählt hatte.

»Mit Wörtern kann man alles machen«, sagte Aaron. »Außer essen. Deirdre sagt manchmal zu mir, ich soll irgendwelche Wörter runterschlucken. Das geht nicht. Und zurücknehmen kann man sie auch nicht. Sie hocken da wie große, feuchte Frösche.«

Elizabeth und Aaron entdecken Gemeinsamkeiten und richten sich auf einen ruhigen, aber zumindest gesprächigen

August ein. Doch in einer Sturmnacht ertrinkt Aaron beinahe und Gran erleidet einen Kollaps.

Erst am Ende des Romans erfahren Elizabeth und die Leser, dass Gran herzkrank ist, und das Mädchen spürt in dem Augenblick, wie sehr es Gran liebt. Es bleiben Grans Bilder – ihre letzten –, eine Serie mit und für Elizabeth. Das Mädchen war am Ende das wichtigste Motiv für ihre fotografierende und malende Großmutter.

In diesem stillen Roman erkundet Paula Fox untergründige Strömungen und lauscht dem leisen Rumoren des Alltäglichen. Man hat Fox eine »Virtuosin des emotionalen Realismus« genannt. Hier beweist sie es.

Paula Fox wurde am 22. April 1923 in New York City geboren. Ihre Eltern – der Vater war irisch-englischer Abstammung, ihre Mutter kam aus Kuba – ließen sie zunächst bei einem Pastor aufwachsen, mit sechs Jahren kam Paula Fox in ein Kinderheim nach Kalifornien. Zwei Jahre später zog sie zu der Familie ihrer Mutter nach Kuba, wo sie auf einer Zuckerrohrplantage lebte. Bis zu ihrem zwölften Lebensjahr war Paula Fox bereits auf neun verschiedene Schulen gegangen. 1933 kehrte sie zusammen mit ihrer Großmutter nach New York zurück. Wie ihre Mutter mit Paula, so wurde sie selbst mit Linda schon 19-jährig schwanger. 1943 gab Paula Fox ihre erste Tochter Linda kurz nach der Geburt zur Adoption frei. Rund vierzig Jahre später suchte Linda ihre Mutter und fand sie. Paula Fox ist verheiratet, hat drei Kinder, mehrere Enkel- und Urenkelkinder.

Ich berichte so ausführlich, weil die Biographie von Paula Fox (sie hat in mehreren sehr lesenswerten Artikeln und Büchern Selbstauskunft gegeben) immer eng mit ihren Romanfiguren verwandt ist, auch in *Inselsommer.* Eine weitere Besonderheit wird aber vermutlich nicht mehr in ihr Werk eingehen. Eine Enkelin von Paula Fox ist die Sängerin Courtney Love, eines von fünf Kindern Lindas und Witwe von Kurt Cobain.

Anfang der 90er Jahre war bei uns kein einziges der Bücher für Erwachsene von Paula Fox mehr lieferbar. Auch in den USA und in England war die Fox'sche Belletristik restlos »out of print«. Ihre Romane, die heute mit Bellow, Roth oder Updike verglichen und oft höher eingeschätzt werden, wurden erst Mitte der 90er Jahre wiederentdeckt. Ihre Kinder- und Jugendbücher hingegen sind immer präsent geblieben. Ihre Kinderromane wurden mehrfach ausgezeichnet, u.a. zweimal mit der Newbery Medal und 1978 mit dem »kleinen Nobelpreis«, dem Hans-Christian-Andersen-Award für das Gesamtwerk. Paula Fox hat über 30 Bücher veröffentlicht und ist heute eine der bekanntesten amerikanischen Autorinnen.

Paula Fox: Inselsommer. Aus dem Englischen von Ulli und Herbert Günther. C. Bertelsmann Jugendbuch 1996 / Omnibus 1998, 157 S., ab 11 J.

Autor der Adoleszenz

1996
Mats Wahl
Winterbucht

»Ich kümmere mich um die Story, der Leser muss sich um sich selbst kümmern«, sagt Mats Wahl, der schwedische Erfolgsautor, der stilistisch stark von Hemingway beeinflusst wurde. Wahl war 16, als sich Hemingway im Sommer 1961 mit einer Schrotflinte das Leben nahm. Der künstlerisch vielseitig interessierte Junge aus Stockholm hatte bis zu jenem Zeitpunkt schon viel gelesen, aber noch keine Zeile des amerikanischen Nobelpreisträgers. Wahl begann mit *A farewell to arms* und wusste danach, dass er Schriftsteller werden würde. Er erkor den toten Hemingway zu seinem Lehrmeister und lernte, indem er vor allem Hemingways Kurzgeschichten las und analysierte. Wer die Prosa oder gar die Fotos der beiden Autoren vergleicht, wird darin manchmal denselben bärbeißigen Charme, aber auch verwandte Motive entdecken: Wasser, Meer, das Fischen und kämpfende (junge) Männer.

Das Jahr 1996 bedeutete hierzulande den Durchbruch für Wahl, da gleich drei seiner Bücher in verschiedenen Kategorien für den Deutschen Jugendliteraturpreis nominiert waren. *Winterbucht*, betitelt nach Stockholms breitem Wassergraben zwischen Arm und Reich, wurde schließlich ausgezeichnet. John-John, der dunkelhäutige, 16-jährige Schwede aus einfachen und zerrütteten Verhältnissen, muss an vielen Fronten emotional und auch handgreiflich kämpfen: Die zwei schlimmsten Schauplätze werden einerseits vom Freund seiner Mutter dominiert, der John-Johns Schwester vergewaltigt, und von seinem Freund Fighter, der ihn zu kleinkriminellen Handlungen verführt und später Neonazi wird. John-John flüchtet sich an die Schauspielschule und verliebt sich in ein reiches Mädchen.

In diesem umfangreichen Roman (über 300 eng bedruckte Seiten) vereinigt Wahl seine Anliegen: die Darstellung sozialen Gefälles, der Ursachen für Gewalt, jugendlicher Erotik und das Erzählen einer Liebesgeschichte mit witzigen und zarten Momenten. In einer schnörkellosen Sprache ohne anbiedernden Jugendjargon, geprägt von eingängigen und fesselnden Dialogen (Wahl schreibt auch Drehbücher), beschreibt er schonungslos und direkt das Lebensgefühl von Jugendlichen. Die Pubertät steht dabei im Mittelpunkt, der Lebensabschnitt also, den Wahl hinsichtlich jener Ereignisse analysiert, die oft das ganze weitere Leben bestimmen. Heute noch ist *Winterbucht* eine ideale Lektüre mit großer Sogwirkung vor allem für Jungen zwischen 12 und 16 Jahren, die eigentlich keine Lust auf Bücher haben. Und Mädchen im selben Alter erfahren hier, wie Jungen denken und fühlen.

Mats Wahl gehört zu jenen Autoren, die an einem großen Lebensbuch schreiben: Es sind packende Varianten derselben Wahl'schen Urgeschichte über Jugendliche in Außenseiterpositionen. Das ist durchaus auch biographisch gemeint, denn die Vita seiner Protagonisten ist oft verwandt mit seiner eigenen und weist Ähnlichkeiten auf zu den Lebensläufen der verwahrlosten, in schnellem Wechsel mal aggressiven, mal depressiven Jugendlichen, mit denen er als Lehrer arbeitete.

1945 wurde Mats Wahl auf der Insel Gotland geboren, wo er bei seiner Großmutter aufwuchs. Mit zwölf Jahren zog er zu seiner Mutter und ihrem Mann nach Stockholm. Der Ursprung hunderter ergreifender Buchseiten verbirgt sich hinter diesen zwei Zeilen einer Vita, die eine unerschöpfliche Quelle für erzählte Leidenschaft, Ehrlichkeit und Schmerz zu sein scheint. Als Erfahrungsschatz kommen die zehn Jahre seines Lebens hinzu, die er mit schwer erziehbaren Jugendlichen verbrachte. Wenn er immer wieder Varianten ihrer Geschichten notiert, so bemüht er weder das Schicksal noch transzendierende Erklärungen und schon gar nicht populärpsychologische Weisheiten. Seine Bücher sind ehrlich. Sie finden keine einfachen Antworten für Kriminalität. Sie stellen aber ihre Auslöser differenziert dar, indem die Protagonisten vielschichtiger porträtiert werden als in Jugendromanen üblich. Die Leser ziehen ihre Schlüsse selbst und erspüren die Ursachen für Fehltritte, Verbrechen und Brutalität.

Wahl hat seine Themen – das Ende der Kindheit, Selbstfindung, Vertrauen und Verrat, Generationskonflikte, Gewalt, Sehnsucht nach Freundschaft, Liebe und die erwachende Sexualität – seit den 90er Jahren gerne in literarischen Kriminalromanen dargestellt. Zuletzt bewies Wahl wieder mit *Soap oder Leben* (Nagel & Kimche 2004), dass er auch abseits jugendlichen Wallanderlandes (Kriminalkommissar Fors könnte eine Figur Mankells sein) spannend und tiefgründig vom Getriebensein in der Adoleszenz erzählt.

Mats Wahl, geboren 1945, studierte Literaturgeschichte, Anthropologie und Pädagogik in Stockholm. Von 1965 bis 1983 arbeitete er als Lehrer für »traurige und aggressive« Kinder. Er schrieb vier Sachbücher zur Pädagogik und unterrichtete als Gastdozent in der Erwachsenenbildung Psychologie und Pädagogik. Seit 1983 widmet er sich ganz dem Schreiben. Wahl hat mehr als 30 Romane und Sachbücher für Kinder, Jugendliche und Erwachsene geschrieben. Neben Astrid Lindgren ist er wohl der international bekannteste schwedische Kinder- und Jugendbuchautor.

Mats Wahl: Winterbucht. Aus dem Schwedischen von Maike Dörries. Anrich 1996 / Beltz & Gelberg 1998, 304 S., ab 13 J.

Gedankenlesen

1996
Kirstin Dahl / Sven Nordqvist
Zahlen, Spiralen und magische Quadrate

Eigentlich brauchst du nur, was du schon kannst, in deinem Kopf etwas anders zu sortieren. Nimm dir Zeit beim Lesen, Zeichnen und Rechnen. Denk manchmal genau andersherum!, schreibt die Mathematikerin und Wissenschaftsjournalistin Kirstin Dahl in der Einleitung dieses Buches.

Platon war überzeugt, die Welt wäre bis in ihr Innerstes Mathematik, und auf Bildern aus dem Mittelalter wird Gott als Mathematiker dargestellt. Er erschafft die Welt mit einem Zirkel in der Hand. Grund genug, sich im digitalen Zeitalter frühzeitig mit Zahlen und Formen zu beschäftigen. Schnell entdeckt man den Spaß dabei, sobald dem Rechnen nichts Schulisches mehr anhaftet. Gibt es beispielsweise etwas Beeindruckenderes als Gedankenlesen?

Spiel das Spiel mit deiner Freundin. Lass sie anfangen und bitte sie, sich eine Zahl zu denken, die sie dir nicht sagt … Am Ende braucht man nur Sekunden, um der Freundin zu sagen, mit welcher Zahl sie angefangen hat. Dieses Beispiel steht auf Seite 31. Wie alle anderen Kapitel ist es geeignet, Kinder für die Welt der Zahlen zu begeistern. Motivierend sind die vielen »Du bist dran«-Passagen. Warum nur haben deutsche Kinder bei der PISA-Studie in Mathe so schlecht abgeschnitten? Offenbar fand dieses Buch nicht die Verbreitung wie in Skandinavien. Schade, es sollte sich künftig auch in Deutschland in jedem Haushalt befinden! Es ist immer noch lieferbar und dank des an Beliebtheit ständig zunehmenden und unverwechselbaren Zeichenstils Nordqvists (u. a. *Pettersson und Findus*) lieben es die Kinder.

Manchmal scheinen bestimmte Themen zur selben Zeit über einem ganzen Kontinent zu liegen. Ende der 90er Jahre sind in Europa zahlreiche Kinderbücher zur Mathematik erschienen. Vom wohl faszinierendsten wird im Buch-Tipp von Michael Krüger die Rede sein.

Kirstin Dahl, geboren 1940 in Katrineholm, Schweden, studierte Mathematik und ist heute freiberufliche Autorin.

Sven Nordqvist, geboren 1946 in Helsingborg, Schweden, erlangte internationalen Erfolg vor allem durch die beliebten Bilderbuchgeschichten vom alten Pettersson und seinem Kater Findus. Er illustrierte u.a. auch mehrere Sachbücher für Kinder von Mats Wahl.

Kirstin Dahl, Sven Nordqvist (Ill.): Zahlen, Spiralen und magische Quadrate – Mathe für jeden. Aus dem Schwedischen von Angelika Kutsch. Oetinger 1996. 64 S., ab 8 J.

Ausgesprochene Frechheiten

1996
Joachim Ringelnatz
Ritze, Rotze, Ringelnatz

Lieber Gott mit Christussohn,
Ach schenk mir doch ein Grammofon.
Ich bin ein ungezog'nes Kind,
Weil meine Eltern Säufer sind.
Verzeih mir, dass ich gähne.
Beschütze mich in aller Not,
Mach meine Eltern noch nicht tot
Und schenk der Oma Zähne.

Ritze, rotze … Wer nicht zuhört, der ist fies! Ein Kinderstimmenchor ertönt im Dialog mit der rauchigen Stimme Otto Sanders. »Denkt nach«, erwidert er, »dann könnt ihr zwischen Zeilen auch mit geschlossnen Augen lesen, dass Onkel Ringelnatz bisweilen ein herzbetrunkenes Kind gewesen.« Besoffen oder warm ums Herz? Die frechen Gören machen sich über die Ausdrucksweise des alten Mannes lustig und interpretieren die Sprüche verschieden: »So'n Kitsch« – »Lass ihn doch!« – »Jetzt noch mal in echt!« Dann geht's los. Eine abwechslungsreiche Collage, eine Hörbuch-Pionierarbeit rund um die schönsten Kindertexte des schrulligen Dichters mit See- und Tiefgang. Viele Nonsensverse von »Dadalnatz«

wechseln ab mit seltsamen Ratschlägen: *Kinder, ihr müsst euch mehr zutrauen! / Ihr lasst euch von Erwachsenen belügen / Und schlagen. Denkt mal: fünf Kinder genügen, / Um eine Großmama zu verhauen.* Mal hallt ein Pfeifen durch ein Ameisengedicht, mal gliedern und untermalen Klavier, Mundharmonika oder eine Spieluhrmusik die Lesungen; diese Glanzdarbietungen superskurrilen Witzes: … *Publikum – noch stundenlang – / wartete auf Bumerang.* Sander spricht, summt, rapt (sic!), singt (den *Hochseekuh-Song*) und phrasiert manchmal verblüffend komisch. Sander, der Ringelnatz-Raper, überlässt manchmal aber auch das Mikro ganz der Jugend. Diese liest vor, was der Polizeipräsident 1924 an den Kiepenheuer Verlag schrieb: »Das in Ihrem Verlag erschienene Buch ›Joachim Ringelnatz, Geheimes Kinder-Spiel-Buch mit vielen Bildern‹ bildet eine ernste Gefahr für die sittliche Entwicklung der Kinder …« Das Buch sei verderblich und werde so polizeilicherseits nicht geduldet, weshalb ein Vermerk auf dem Umschlag gefordert wird – mit Fristsetzung –, der darauf hinweisen muss (70 Jahre vor Eminem), dass das Buch nur für Erwachsene geeignet sei. Vielleicht lag es an Rotkäppchens Korb – bei Ringelnatz voller Alkohol. Was Kuttel Daddeldu aus dem braven Grimm-Mädchen macht (»die Dirne«, »das pissdumme Mädel«) ist provozierend getextet und grandios intoniert. Wer knurrt den bösen Wolf besser als Sander? *Diabolokaracho – da glotzt ihr Gören! Marsch fort! Ihr überflüssige Fischbrut,* schnauzt Kuttel Daddeldu die Kinder an. Aber dann – ein Dankeschön der Regie für diesen Kontrast – heißt es am Ende … *Wir alle sind Spielzeuge des lieben Gottes …,* was so plötzlich, so ernst und wahrhaftig sofort unter die Haut geht. Wer nicht genug davon bekommt, findet in Büchern noch mehr von dem rastlosen, von Selbstzweifeln geplagten, wehmütigen oder von dem heiteren und gut gelaunten Ringelnatz:

Ich bin so knallvergnügt erwacht.
Ich klatsche meine Hüften.
Das Wasser lockt. Die Seife lacht.
Es dürstet mich nach Lüften.

Ein schmuckes Laken macht einen Knicks
Und gratuliert zum Baden.
Zwei schwarze Schuhe in blankem Wichs
Betiteln mich »Euer Gnaden«.

Aus meiner tiefsten Seele zieht
Mit Nasenflügelbeben
Ein ungeheurer Appetit
Nach Frühstück und nach Leben.

Joachim Ringelnatz, geboren 1883 in Wurzen / Sachsen als Hans Gustav Bötticher, Sohn aus gutem Hause, wurde 1897 mit dem Vermerk »ein Schulrüpel ersten Ranges« vom königlichen Staatsgymnasium Leipzig verwiesen. Bötticher wurde Schiffsjunge, Matrose, Hausmeister, Bibliothekar, Fremdenführer auf einer Burg u. v. m. Mit 25 Jahren trug er im Künstlerlokal »Simplicissimus« in München-Schwabing eigene Verse vor. Bötticher schwieg über die Herkunft seines Pseudonyms. Eine von vielen Legenden besagt, er habe den Namen gewählt, weil Seeleute sein Lieblingstier, das Seepferdchen, »Ringelnass« nannten. Bei der Bücherverbrennung 1933 endeten auch seine Bücher auf dem Scheiterhaufen der Nationalsozialisten. Ringelnatz starb verarmt im November 1934 in Berlin an Tuberkulose.

Joachim Ringelnatz: Ritze, Rotze, Ringelnatz. Ausgesprochene Frechheiten mit Otto Sander. 1 CD. Patmos 1996 / 2005, ab 5 J.

Meine Kindheit hängt daran

1996
Buch-Tipp von Alexa Hennig von Lange:
Dan McCall
Jack der Bär

Nach der Interview-Zusage Alexa Hennig von Langes blätterte ich zur Einstimmung in ihren Büchern. Aus *Lelle* flatterte meine Besprechung von 2002 auf den Tisch: »… Aber lesen wir genau: Zum Beispiel die Geschichten Nummer 6 (in der Lelles Mutter ein Geschenk der Kindergärtnerin lobt, obwohl es sich dabei um Zeichentrickfiguren handelt, die Mutter in Wirklichkeit ›so grässlich findet‹) und Nummer 14 (in der eine Frau, ›die einen Tropfen an der Nase hat‹, im Bus Mutter und Lelle gegenübersitzt). Kompromisslose Kinderlogik als oberstes narratives Prinzip, um die Widersprüche der Erwachsenenwelt auszuhalten, zeichnet diese literarischen Miniaturen aus: Lelle lebt den Lesern und jungen Zuhörern vor, wie einerseits Offenheit und Ehrlichkeit (im Bus), andererseits Camouflage und Notlügen (Kindergärtnerin) die Großen glücklich macht. Das ist in aller Einfachheit brillant.«

Als wir nach einem geeigneten Interview-Termin und dem zu besprechenden Buch suchten, schrieb Alexa Hennig von Lange: »Mir fallen viele schöne Kinder- und Jugendbücher ein: leider nicht aus den letzten zehn, sondern aus den zehn Jahren davor, etwa zwischen 1985 und 1995. Das hängt damit zusammen, dass das dann Bücher sind, zu denen ich eine starke emotionale Bindung habe, weil meine Kindheit daran hängt – aber das geht wohl nicht, hm? Es gibt nämlich dieses großartige Buch *Jack der Bär* von Dan McCall. Niemand kennt es und es ist mindestens so gut wie *Der Fänger im Roggen.*«

Wie sollte ich den Vorschlag der erfolgreichsten deutschen Autorin ihrer Generation ablehnen, zumal Salinger, Kerouac & Co. meine wichtigsten Begleiter in der Pubertät waren und ich noch nie etwas von McCall gehört hatte? Ich besorgte mir das Buch und stieg in den Zug nach Hannover.

»Ach Jacky, du weißt es wahrscheinlich nicht mehr, aber eines Tages, du warst erst sieben oder acht, da kamst du nach Hause gepoltert und sagtest: ›Mensch, Mom, macht es dir auch so viel Spaß, am Leben zu sein?‹«

Ich weiß nicht mehr, dass ich das gesagt habe, aber ich werde nie vergessen, wie sie mir gesagt hat, dass ich das gesagt habe. Dann hat sie noch gesagt: »Jacky, ich wünsche mir so, dass du das immer sagen kannst.«

Ich auch, Mom. Ich wünschte, ich könnte.

Jacks Blick auf die Menschen und die Welt nahm mich sofort gefangen und beinahe wäre ich im ICE weiter bis nach Berlin gefahren.

Schnell kommen wir im großen, sparsam eingerichteten Wohnzimmer mit hohen Fenstern und Blick in den Garten auf die Berührungspunkte zwischen McCalls Roman und von Langes Motiven zu sprechen. Manchmal scheint es, als schreibe von Lange mit jedem neuen Text ein einziges großes Lebensbuch fort, das zurzeit unter dem Motto Pablo Nerudas stehen könnte, das sie dem Roman *Woher ich komme* vorangestellt hat: »Wo ist das Kind, das ich gewesen, / ist es noch in mir oder fort? / Warum starben wir denn nicht beide, / damals, als meine Kindheit starb?« Sie zitiert am Wohnzimmertisch Nerudas Zeilen und ich finde die Stelle, in der Jack sagt: *»Ich will nicht erwachsen werden.«* Auch später im Roman gibt es Situationen, in denen die 13-jährige Halbwaise der Verzweiflung freien Lauf lässt, als ob die Mutter durch den Tod des Sohnes lebendig werden könnte: *Ich habe im Mitternachtswind auf dem Dach gestanden und wollte mein Leben für ihr Leben eintauschen.*

»Der Tod war immer in meiner Kindheit dabei. Es gibt noch ein Buch, das McCall ähnlich und für mich sehr wichtig ist, weil sich darin ein Mädchen aus Liebe zur Mutter umbringen will. In *Zum Fenster hinaus* von Christine Haidegger geschieht der Suizid, um die – in Haideggers Text noch lebende – Mutter freizusetzen.«

Von Lange entschuldigt sich, springt vom Tisch auf und verlässt das Wohnzimmer, um das Buch der heute ebenso wie McCall unbekannten Haidegger zu holen. Danach spricht sie weiter von Kindern, die die Kraft aufbringen, sich selbst das Leben zu nehmen, weil sie den Alltag oder das Erwachsenwerden nicht aushalten, weil sie sich zu rein für diese Welt fühlen. Und sie setzt Jack, den Protagonisten McCalls, dagegen, der sich das Gefühl für die Weite, für das Gute, für die Gleichheit und die Gemeinschaftlichkeit zu bewahren versucht. »Das ist auch mein Thema, das ist mit ein Grund, warum ich angefangen habe zu schreiben. Ich stelle mir nie die Frage, wird es ein Kinder- oder ein Erwachsenenbuch. Es ist deshalb auch egal, wann und in welchem Alter man McCall liest.« Seit den 70er Jahren hat sich in der amerikanischen Mittelklasse einiges verändert, doch das Buch hat mit seiner Kritik an verstecktem Rassismus, an verheimlichten Depressionen oder an zerrütteten Familienmilieus nichts an Aktualität eingebüßt. »Solange es nachvollziehbar, fühlbar erzählt wird, ist es egal, wann die Geschichte spielt. Aber es ist wichtig, als Teenager etwas Innerliches wie bei *Jack der Bär* erzählt zu bekommen.«

Von Lange erwähnt eine Passage, in der Jacks Nachbar-

junge Dexter Jacks Dad angreift und wie sehr sie als Kind Dexters Stiefel beeindruckt haben: *Dexter trat sogar mit seinen Cowboystiefeln nach ihm. Dad schnappte ihn bei einem Stiefel und hob ihn mit dem Kopf nach unten in die Luft.* Als sie *Jack der Bär* zur Interviewvorbereitung wieder las, beeindruckten sie andere Textstellen: die Beschreibung der Nachbarn mit ihrem Tablettenproblem, die Beschreibung der Hippies oder das Verschwinden von Jacks kleinem Bruder Dylan. Die Kindesentführung löst Emotionen aus, die sie jetzt als Mutter besser beurteilen kann. »Das sind Passagen, die ich früher nicht so gut verstand. Aber man fühlt sich in jedem Alter von McCall angesprochen. Und man merkt, wie wichtig es ist, sich daran zu erinnern, was Kindheit bedeutet. Es geht oft um dieses Thema, um die Weite, die man als Kind verspürt hat. Und um das Erwachsenwerden, das einem die Flügel stutzt, um das Licht, das man als Kind wahrnimmt, um das tiefe Durchatmen und um das Vertrauen in sich und in die Welt, das später oft verloren geht.«

Von Lange erzählt von ihrer Tochter, die sich vor kurzem an ihrem Geburtstag wunderte, dass sie erst sechs Jahre alt werde, sie lebe doch schon so lange. »Auch Jack wundert sich über sein Alter. Mit 13 trägt er Verantwortung für sein Leben und das der anderen. Zugleich will er zu sich finden, will wissen, wer er ist und wohin er geht. Und trotz der oft verzweifelten Situationen empfindet er eine Freude in sich. Wie das erzählt wird, spricht für eine große Lebendigkeit. Es ist gut spürbar, dass Jack sich selbst retten kann und dass er einen großen Willen hat, etwas am Laufen zu halten und die Gemeinschaft, die Rumpffamilie aus Vater und zwei Söhnen so lange es geht zu erhalten.«

Die Mutter versorgte Alexa und ihre Geschwister gezielt mit Büchern. Der Bruder bekam *Lederstrumpf* oder *Horatio Hornblower,* die Schwester *Die Sturmhöhe* oder *Effie Briest* und Alexa bekam mit 13 Jahren u.a. *Jack der Bär.* Das Mädchen schrieb, seitdem es acht Jahre alt war, und wollte schon damals Autorin werden, aber die Vorstellung ließ Alexa keine Ruhe, dass sich ihr Berufswunsch sehr lange nicht würde erfüllen können, weil »ein Schriftsteller mindestens fünfzig Jahre alt sein muss, bevor er etwas zu erzählen hat, ja bevor er überhaupt etwas erzählen *darf.* Ich wusste, dass ich nur aus meiner kindlichen Perspektive berichten und dass ich mich nicht älter machen konnte, als ich war.« Dann bekam sie Bücher, die nicht in Kinderbuchabteilungen zu finden waren. Auch die Umschläge hatten nichts Jugendliches. Bei *Jack der Bär* hatte die 13-jährige Alexa das Gefühl, hier gehe es jemandem in ihrem Alter genauso wie ihr. Auch stilistisch war das Buch für Alexa eine Offenbarung, denn sie merkte, dass die »wie an einer Schnur erzählte Geschichte eines 13-Jährigen« ohne einen großen dramaturgischen Bogen ein ganzes Buch füllen kann. Sie bewunderte die Schreibweise, »die organisch eines zum anderen führt«, weil bei ihr der Plot und alle filmisch zu gebrauchenden, äußerlichen Elemente nicht so wichtig seien, die Entwicklung, die in der Hauptperson stattfindet, dafür umso wichtiger. Wie hier Dinge reflektiert werden, wie Jack den Ereignissen begegnet, das mache die Spannung aus, so von Lange. Weil sie ähnlich verfahre, habe es lange gedauert, ihr neues Buch *Warum so traurig?* zu schreiben. Auf dem Umschlag ist das in eine außergewöhnliche Helligkeit getauchte Porträt von Langes mit kürzeren Korkenzieherlocken als gewohnt zu sehen. Sie zeigt mir, vor welchem

Wohnzimmerfenster die Aufnahme gemacht worden ist, kehrt aber sofort zurück zur Erzähltechnik: »Und natürlich gibt es im Ablauf der Ereignisse Höhepunkte. Aber wegen der Intensität, mit der das Leben empfunden wird, ist es eigentlich egal, was passiert. McCall erzählt auf eine Art, die ich nicht für möglich hielt. Jack war mir so verbunden, dass ich ganz offen mit ihm hätte sprechen können, wenn er mein Freund gewesen wäre. Die Jungs in meiner Klasse habe ich allerdings ganz anders wahrgenommen.«

Von Lange erinnert sich an den Ausdruck »es zwiebelt auf meiner Haut«, den sie in einem Aufsatz in der Grundschule verwendete, worauf die Lehrerin ihr einen Fehlerpunkt gab. McCalls, Salingers und Haideggers Romane zeigten ihr, dass man in der Wortwahl frei sein und in der eigenen Sprache schreiben durfte. »Jack hat meinen Blick auf die Dinge geprägt. In seiner Welt habe ich mich wiedergefunden. Und McCalls Art des Schreibens, auch das Persiflieren, entspricht mir.« Jack ist allerdings ein bisschen zu schlau für sein Alter. In der Fiktion des Kind-Erzählers schimmert oft McCall durch. »Stimmt: McCall schreibt in einer Kunstsprache. So würde nie ein Jugendlicher sprechen. Es wird das Empfinden Jacks wiedergegeben. Es wird in einem Fluss erzählt, wie Jack sieht, denkt und fühlt, aber nicht, wie er sprechen würde. Nicht mal in Gedanken würde er so formulieren können. Es sind Empfindungen, die in dieser Sprache ausgedrückt werden. Das ist großartig.«

McCall lässt seinen Jack, der rasender Reporter für die Schülerzeitschrift ist und später Journalist werden will, über erste Rauscherfahrungen, erste Liebesabenteuer und viele Enttäuschungen mit Erwachsenen erzählen. Ein wildes Weltbild entsteht. Eine zornige Abrechnung mit der Heuchelei einer Wohlstandsgesellschaft, an der Jacks Dad zu zerbrechen droht.

Mom ist vor einem halben Jahr bei einem Unfall gestorben und Dad ist mit seinen beiden Jungen Dylan (3) und Jack (13) von Syracuse nach Oakland, in ein Wohnviertel der unteren Mittelklasse gezogen. Dad, früherer Zirkusartist und *Monster vom Dienst,* ist inzwischen ein abgewrackter Fernsehclown, der so viel Schnaps trinkt und Haschisch raucht, dass er körperlich und geistig ziemlich am Ende ist. Voll gedröhnt mit Joints und Cognac oder Gin wird er selbst zum infantilen Monster, das er im Kinderfernsehen dargestellt hat. Die Aufgabe als allein erziehender Vater zweier Söhne überfordert ihn. Jack muss deshalb Dylan bemuttern und auch auf Dad aufpassen: *Als wir beim Arzt in der Praxis waren, wusste ich, dass er sich jetzt wie ein beschissener Vater vorkam, aber was sollte ich schon sagen. Ich meine, ich kann ja auch nicht sagen: »Keine Sorge, du bist gar kein beschissener Vater.« (...) Wenn Dad gut ist, ist er sehr sehr gut – aber wenn er schlecht ist, ist er wahrhaft beschissen.*

In einer Umgebung, die reich an kaputten Typen ist, hat es Jack nicht leicht. Zu Beginn ist der Alltag vor allem dank Dad noch erträglich, der großzügig und freundlich ist und mit seinen Söhnen und den Kindern der Nachbarschaft wunderbar spielt. Doch die unberechenbaren Dobermann-Hunde von nebenan, die schlimmen Mutterträume, die Jack verfolgen, der verrückte Norman, ein Rassist und Tierquäler, der Dylan entführt und Dad beinahe tötet, drohen auch den 13-Jährigen zu überfordern.

Jack will überleben, will seinen Vater als »Mister Wunderbar« in Erinnerung behalten. Der schönste Moment fand im

Zirkus statt: *Als alles vorbei war, verbeugten wir uns Hand in Hand im Scheinwerferlicht. Syracuse lag uns zu Füßen, ein Vater und sein Sohn, und es war ganz einfach der Höhepunkt meines Scheißlebens. (...) Ich werde dieses Gefühl nie vergessen, und ich kann ihm dafür nie genug danken. Als wir nach Hause fuhren, sagte Mom nichts, aber wir sahen beide, dass Dad Tränen in den Augen hatte.* Und es herrscht noch einige Zeit ein wunderbares Einvernehmen zwischen Vater und Sohn, beispielsweise nach einer Prügelei:

»Ich fand es klasse, wie du Dexter eine reingesemmelt hast, aber tu das nie wieder, -kay?«

»-kay«, sagte ich, sah auf meinen Teller, und dann musterte ich Dad verstohlen, und er grinste mich an.

Er wurde ernst. »Nie wieder. Klar?«

»Alles klar«, sagte ich stolz.

Solche Momente sind jedoch Ausnahmen, zumal Jack der Bär (benannt nach dem Song *Jack the Bear* von Duke Ellington) auch eigene Probleme hat: Er fühlt sich einsam, möchte seine Unschuld verlieren und Ordnung in sein Leben bringen. Aber als seine Großeltern ein heiles Heim anbieten, haut Jack ab. Er raucht Gras und möchte, sobald er 16 ist, all das hinter sich lassen und nach Europa flüchten.

McCall schildert das Gegenteil heiler Familienidyllen und spart das Happyend aus. *Jack der Bär* ist ein früher All-Age-Titel, ein fundamentales Familienbuch, nach dessen Lektüre Tennessee Williams begeistert schrieb: »Dan McCall ist ein Schriftsteller, Gott steh ihm bei!« Diese tragikomische Kinderbiographie, die dank einer hartnäckigen Katastrophenphilosophie voller Lust, Witz und Leben ist, hat aus einem weiteren Grund an Bedeutung gewonnen. Die Erwachsenen wirken bei McCall schwach und zerbrechlich, sind dem Leben weniger gewachsen als die Teenager. Ein Trend, der sich verstärkt hat: Kinder, die sich um ihre Erzieher kümmern müssen. »Doch diese Kinder und Jugendlichen gehen nicht unbedingt davon aus, dass sie bei Suhrkamp ein entsprechendes Buch für sich finden. Das ist schade«, sagt Alexa Hennig von Lange. »Denn *Jack der Bär* wird nicht nur von ungeübten Lesern mit großem Gewinn gelesen.«

Dan McCall, 1940 in Kalifornien geboren, ist Professor für American Studies an der Cornell University. *Jack der Bär* wurde 1992 mit Danny DeVito in der Hauptrolle unter dem Titel *Mein Vater – Mein Freund* verfilmt.

Dan McCall: Jack der Bär. Aus dem Amerikanischen von Harry Rowohlt. Insel 1975, Suhrkamp 2001, 208 S., ab 12 J.

Wurzeln im Himmel

1997
Roberto Piumini
Motu-Iti – Die Insel der Möwen

Die Möwen kannten das Antlitz der Menschen als etwas Bewegliches, Veränderliches, das nie zur Ruhe kommt: das Lebendigste in der ganzen Natur. Ihr scharfes Auge, das am Kräuseln der Wellen die geringste Drehung des Windes ablesen konnte, nahm selbst im Gesicht eines schlafenden Menschen eine Fülle von Bewegungen und Veränderungen wahr, in denen sich Freude oder Leid spiegelten.

Bei der Verleihung des 7. Rattenfänger-Literaturpreises an Roberto Piumini für seinen Roman *Motu-Iti* empfingen Hamelner Schüler mit fantasievoll geschmückten Masken den Dichter aus Italien. Er kam sich deswegen nicht wie eine scharfäugige und angriffslustige Möwe vor, sondern war gerührt und fühlte sich geehrt, weil die Magie seiner poetischen Lebensentwürfe, weil der Funke seines visionären Denkens weithin sichtbar und neue Kreativität auslösend auf die Kinder übergesprungen war.

Die Osterinsel befindet sich rund fünf Flugstunden von Tahiti und fast ebenso weit von Chile entfernt, unter dessen Herrschaftsbereich sie steht. Mit Piuminis Worten: *Die Osterinsel liegt so verlassen inmitten des Ozeans wie eine winzige*

Brotkrume, die dem verloren gegangen ist, der einst die Kontinente knetete … Die berühmten Steinkolosse auf der Insel, Zeugen aus einer anderen Welt, richten ihren Blick über die Wellen in die Ferne. Wer hat sie gebaut und modelliert? Wie kam es dazu? Volkskundler rätseln bis heute ob der mächtigen Skulpturen. Doch Piumini erzählt eine einleuchtende Geschichte, deren Atem die Leser schon auf der ersten Seite auf jene Insel weht, irgendwo zwischen dem Südpazifik und der Fantasie.

Bei einer jährlich stattfindenden Regatta in einer unbestimmten Vergangenheit wird entschieden, wer am geschicktesten mit dem Meer umgehen kann und wer demnach die Macht über die Insel erhält. Tou-Ema ist immer der Schnellste und regiert gerecht über sein Volk. Nach sechs Jahren – er will gerade mit der schönen Kintea-Ni eine Familie gründen – wird er das Opfer einer Intrige, die vom ewigen Zweiten Kontuac angezettelt wird. Verbannt auf die nur von Möwen besiedelte Insel Motu-Iti, hadert Tou-Ema mit seinem Schicksal und entdeckt gleichzeitig, dass er wachsende Macht über die Möwen besitzt. Allmählich wird Tou-Ema von den Vögeln als Leittier gesehen. Der Verbannte übt Rache, indem er die Möwen immer wieder zur Osterinsel schickt, wo sie großes Unheil anrichten. Zu spät erkennt der menschliche Leitvogel Tou-Ema, dass er die Tiere nicht nach Belieben steuern kann. *Die Rache hat sich vervielfacht, hat schreiende Wurzeln in den Himmel geschlagen.* Der Fluch wird nun beiden zum Verhängnis: dem Rächer und seinem Opfer. Kontuac stirbt und Tou-Ema, zur Osterinsel zurückgekehrt, kann nichts weiter tun, als sich auf die Spitze des Vulkans zurückzuziehen und zur Warnung die Trommel zu schlagen, wenn die Möwen wieder angreifen.

Dieses Poem über Mut und Liebe, Neid und Hinterlist bezaubert und nimmt einen seltsam gefangen. Es ist auch eine Legende, die zeigt, dass die Angriffe der Möwen keine Strafe dämonischer Mächte waren. Sie zeigt den Hergang der Katastrophe, den Kampf zwischen Aberglaube und Tou-Emas Sinn für die Wirklichkeit. Piuminis poetische Kraft, seine klangvolle, wunderbar von Maria Fehringer ins Deutsche übertragene Sprache, ist reich an Metaphern und analysiert doch mit Präzision ebenso mikroskopisch kleine, gegenständliche Eigenschaften wie kaum wahrnehmbare Gemütsregungen. Wer Ende der 80er Jahre in Italien den damals nur in romanische Sprachen übersetzten Piumini las (z. B. *Lo stralisco* 1987, deutsch unter dem Titel *Eine Welt für Madurer* 1999), konnte ob der Vorbehalte deutscher Verlage gegenüber der angeblich verkitschten italienischen Kinderliteratur verzweifeln, weshalb ich 1990 eine Titelgeschichte für die Fachzeitschrift »Bulletin Jugend + Literatur« über Bianca Pitzorno und Piumini und den *Wegweiser durch die Italienische Kinder- und Jugendliteratur* (erschienen bei der Internationalen Jugendbibliothek) schrieb.

Der Roman Motu-Iti endet gut: Kintea-Ni hält die ganze Zeit ihre Liebe zu Tou-Ema wach und entdeckt durch Zufall in Form einer kleinen Maske eine Abwehrmöglichkeit gegen die bösen Möwen. Die Masken erschrecken die Möwen, weil sie starr sind. Bald trägt jeder Inselbewohner wie die Hameler Schüler bei der Dichterehrung ein zweites, ein unbewegliches Gesicht aus Rinde bei sich. Und so kam es auch zu den rätselhaften, großen Statuen, die schließlich die Insel von den aggressiven Möwen ganz befreiten.

Kintea-Ni findet gemeinsam mit Tou-Ema die Erfüllung ihrer Liebe und das Inselleben wird wieder wie früher. Der Roman schließt mit diesem Satz des Ich-Erzählers der Motu-Iti-Legende: *Denn das ist das Schreiben: ein Zeichen, ein Ruf an das Denken. Und das Lesen ist die Antwort, die das Denken gibt.*

Roberto Piumini, geboren 1947 in Edolo bei Brescia, studierte Pädagogik in Mailand, arbeitete einige Jahre als Lehrer, danach im Theaterbereich. Er schreibt Romane für Kinder und Erwachsene sowie Theaterstücke, Gedichte, Erzählungen und Texte für Rundfunk und Fernsehen. Sein Werk wurde bislang in elf Sprachen übersetzt. Allein in Deutschland erhielten Piuminis Kinderbücher viele Auszeichnungen, darunter den Rattenfänger Literaturpreis, den Luchs und eine Nominierung für den Jugendliteraturpreis.

Roberto Piumini: Motu-Iti – Die Insel der Möwen. Aus dem Italienischen von Maria Fehringer. dtv Reihe Hanser 1997 / 2002. 142 S., ab 8 J.

Aus einer anderen Welt

1997
Ralf Isau
Das Museum der gestohlenen Erinnerungen

Rätsel geben hier nicht die Steinfiguren der Osterinsel auf, sondern die Götterskulpturen im Pergamonmuseum in Berlin.

… und so könnte ich dir noch viele Beispiele nennen. Ob es dabei um die Archäomagnetik oder irgendeine andere Methode geht. Die Wissenschaft ist niemals objektiv und schon gar nicht unfehlbar gewesen – das widerspräche sogar ihrer wahren Natur. Leider haben viele Menschen sie zu einem Glaubensbekenntnis gemacht, um eigenes, sehr subjektives Handeln zu rechtfertigen. So verhält es sich auch mit Marduks Schicksalstafeln …, heißt es gegen Ende dieses fesselnden Abenteuers, das nicht Fantasy nach angloamerikanischem Muster ist, sondern ein Versuch des Autors, mit Geschichten und Geschichte das Denken der jungen Leser zu schärfen, flexibler zu gestalten und en passant über viele faszinierende historische Ereignisse oder philosophische Betrachtungen zu informieren.

Was geschieht, wenn eine Gesellschaft sich mit der eigenen Vergangenheit nicht auseinander setzt? Allein die Verweise in diesem Roman auf den Nationalsozialismus oder auf die DDR machen deutlich, dass Ralf Isau mehr im Sinn hat als Fluchtliteratur – ja, fast deren Gegenteil. Der Software-Experte Isau geht das Thema Erinnerungsverlust als Schriftsteller und als

Wissenschaftler gleichzeitig an. Isaus Sprache ist gepflegt, aber ohne literarischen Anspruch. Dafür beherrscht er vorzüglich die Kunst, weite Spannungsbögen zu ziehen, dank derer die moderne digitale Welt mit einer großen narrativen Tradition verbunden wird: Fließend findet bei Isau der Übergang von einer realen, historisch verbürgten Welt in eine Fantasie- oder Traumwelt statt. »In der Arbeit mit Computern braucht man Fantasie für kreative Lösungen«, sagt Isau. Den Kontakt zum uns umgebenden Alltag möchte er in seinen Romanen nicht aufgeben. Deshalb distanziert er sich von eskapistischem Erzählverhalten, insofern es die Leser nicht einlädt, gewohnte Denkmuster aufzugeben, um neue Perspektiven einzunehmen. Isau bewegt sich auf mehreren Ebenen: Philosophie und Geschichte bilden die Grundstruktur zu den »gestohlenen Erinnerungen«, die man mehrfach lesen kann, weil wie bei einem PC-Game eine Ebene nach der anderen entdeckt wird, wodurch man, den beiden Protagonisten folgend, jeweils auf ein anderes Level gelangt.

Die Zwillinge Jessica und Oliver wurden nach der Rückkehr aus den Ferien von einem seltsamen Spuk erfasst: Gedächtnisverlust gepaart mit unfassbaren Ereignissen. Jessica ist an Mathematik, Naturwissenschaften und Computern interessiert, ihr Bruder Oliver liebt die darstellende Kunst. Die Frage, warum sie ihren Vater vergessen haben und das Verschwinden der Statue des babylonischen Gottes Xexano lassen den beiden keine Ruhe. Gemeinsam machen sie sich mit ihren Talenten an die Aufgabe, die Rätsel der gestohlenen Erinnerungen zu lösen. Die Spannung steigt etappenweise, bis sich die wahre Identität des Vaters (v.a. auch dank eines Tagebuches – »Ein Buch aus einer anderen Welt«) enthüllt, die

Gründe für den Gedächtnisverlust der Kinder deutlich werden und in einem Wettlauf gegen die Zeit das Erinnerungsvermögen der Menschen gerettet wird.

Man braucht nicht weit weg zu schweifen, um in wundervolle Fantasiewelten einzutauchen. Isau zeigt deutsche Fantasy in Bestform, allerdings zieht er den Begriff Fantastik vor. Das Etikett Fantasy klebe auf fast allen Texten von Mystik bis zu neu erzählten Götter- und Heldensagen, passe aber zu keinem seiner Bücher.

Ralf Isau wurde 1956 in Berlin geboren und schrieb schon 1974 sein erstes Computerprogramm. Als Jugendlicher las er *Superman,* Karl May, *Perry Rhodan,* Michael Ende und Tolkien, als junger Erwachsener David Eddings, Richard Adams, Ursula K. LeGuin oder William Horwood. Isau arbeitete als Software-Spezialist, veröffentlichte sein erstes Buch über die Programmiersprache COBOL und begann nebenher eigene Romane zu schreiben, eigene Welten zu entwerfen, in denen er Geschichte und grundlegende Wertefragen einfließen lässt. *Das Museum der gestohlenen Erinnerungen* wurde mit dem Buxtehuder Bullen ausgezeichnet.

Ralf Isau: Das Museum der gestohlenen Erinnerungen. Thienemann 1997. 672 S., ab 13 J.

Die Meinung der Mehrheit

1997
Claus-Peter Hutter / Rainer Köthe / Ralph Beloch
Demokratie – Was ist was? Band 103

Eine demokratische Überzeugung ist wenig wert, wenn man sich nicht aktiv dafür einsetzt und demokratisch handelt. Denn Demokratie ist nicht nur Sache des Staates und der Politiker »da oben«, sondern sollte eine Lebensauffassung jedes Einzelnen sein.

Beantworten Sie folgende Frage: Wer war Solon und worin unterschieden sich seine Gesetze von den Erlassen des Kleisthenes? Definieren Sie anschließend in je drei Sätzen den Unterschied zwischen relativer und qualifizierter Mehrheit, zwischen Demokratie und Republik, zwischen direkter und repräsentativer Demokratie.

Fällt das schwer? Sollten die Solon'schen Gesetze schon in Vergessenheit geraten sein? Was, wenn unser Staat in einer Krise steckt? Was, wenn extreme Gruppierungen gute Gründe anführen, um die Regierung abzulösen? *In Wahrheit geht es natürlich nur darum, Macht auszuüben, sich persönlich zu bereichern oder die Interessen einer bestimmten Bevölkerungsgruppe durchzusetzen,* erklären die Autoren dieses Buches die Motivation von Putschisten. Und die Motivation der jetzt aktiven Politiker?

Dieses großformatige, reich bebilderte Sachbuch zeigt anhand vieler einfacher Beispiele – oft auch aus dem Alltag der Kinder – die Vorzüge der Demokratie, wie im friedlichen Wettstreit der Meinungen zukunftsfähige Gesetze gefunden werden, aber auch wie gefährdet unser System ist. Die Autoren geben unumwunden zu, dass Demokratie *keine ideale Ordnung ist – nicht zuletzt deshalb, weil es immer eine Minderheit geben wird, die sich dem Willen der Mehrheit beugen muss. Aber sie ist diejenige unter allen Regierungsformen, die im Laufe der Jahrtausende ausprobiert wurden, die jedem einzelnen Menschen ein Höchstmaß an persönlicher Freiheit und Sicherheit garantiert.*

Das Buch macht deutlich, dass es ein Vorzug ist, in einer Gesellschaft zu leben, die wir selbst mitgestalten können. Das bedeutet aber auch, dass wir aufgerufen sind, tatsächlich am politischen Leben mitzuwirken. *Denn Demokratie ist nicht nur eine abstrakte Staatsform, sondern eine Art, im täglichen Leben miteinander umzugehen. Sie muss daher jeden Tag aufs Neue gelebt werden, um lebendig zu bleiben.* Die Kinder wissen nach dieser Lektüre, wie wichtig die Volkssouveränität ist.

Die Autoren beginnen klugerweise nicht mit der Geschichte, sondern mit einer umfassenden Definition der Demokratie in sechs Kapiteln. Hitler wird nicht in einem Block abgehandelt. Mehrfach wird von verschiedenen Seiten auf den Nationalsozialismus eingegangen. Es ist eindrücklich, wie die von Diktaturen ausgehenden Gefahren vielfältig geschildert werden. Erfreulich viel Raum nimmt die Zeit nach 1945 ein.

Wer mehr Schülermitverwaltungen wünscht, sollte dieses inhaltlich geschickt strukturierte, im Layout einprägsame und übersichtliche Buch mit den Kindern durchgehen. Viele wichtige Impulse, Verantwortung zu übernehmen, gehen davon aus.

Claus-Peter Hutter, geboren 1955, studierte Verwaltungswirtschaft und befasste sich schon in früher Jugend durch aktive Mitarbeit in Bürgerbewegungen und Verbänden mit dem Thema »Gelebte Demokratie«. Er ist Mitbegründer der internationalen Stiftung Europäisches Naturerbe (Euronatur), als deren Präsident er sich heute für den internationalen Umweltdialog einsetzt. Hauptamtlich leitet er die Umweltakademie des Landes Baden-Württemberg, welche sich unter anderem als Forum für die Integration von Themenstellungen der Ökologie, der Umweltvorsorge und der nachhaltigen Entwicklung in Verwaltung, Wirtschaft, Politik und Gesellschaft versteht.

Rainer Köthe, geboren 1948, studierte Physikalische Chemie und Biochemie, war ab 1980 Wissenschaftsredakteur des STERN, 1986 bis 1999 Chefredakteur des Naturmagazins *kosmos* in Stuttgart. Er schrieb rund 50 Bücher, insbesondere Jugendsachbücher, die in mehrere Sprachen übersetzt wurden. 1996 erhielt er für seine Arbeit als Autor und Journalist den Autorenpreis der Deutschen Umwelthilfe.

Claus-Peter Hutter, Rainer Köthe (Überarb.), Ralph Beloch (Ill.): Demokratie – Was ist was? Band 103. Tessloff 1997 / 2005, 48 S. ab 10 J.

Ein wirklichkeitsfreier Tag

1997
Axel Hacke
Der kleine König Dezember

Gummibärchenschmatzen, Zeitungsrascheln, Kaffeetassengeklapper, Zuckerwürfelplatschen, Farbstiftkratzen, Schachfigurenklacken oder das Fallen von Mikadostäbchen: die abwechslungsreiche Geräuschkulisse dieses Hörspiels wird klug ergänzt von der sparsam instrumentierten Musik Peter Zwetkoffs – es glänzt eine melancholische Oboe –, die den Märchencharakter dieses anrührenden Dialogs zwischen einem traurigen Büromenschen und einem kleinen König verstärkt. Horst Bollmann, die Stimme Bilbo Beutlins aus *Der kleine Hobbit,* faucht und wispert mit einem manchmal raubelegten, in die Ferne sinnierenden Klang den von nostalgisch-verträumten bis vorwitzig-besserwisserischen blaublütigen Wicht mit dem Helfersyndrom. Das ist so stimmungsvoll in Szene gesetzt, dass die Vertonung die literarische Vorlage in den Schatten stellt. Zuhörend folgt man kritiklos den heiteren und weisen, charmanten und witzigen Gedanken dieses ungleichen Paars.

Wir haben es mit einer Monarchie zu tun, die eine philosophische Form der Volksherrschaft darstellt: Jeder Mensch ist Königin oder König. Leider ist diese Welt des kleinen Königs Dezember eine ganz andere, zu der bisher nur der Autor Axel

Hacke Zugang fand. Aber dank seiner Aufzeichnungen wissen wir jetzt, dass es Lebensformen gibt, die unsere Vorstellungen eines zufriedenen Alltags auf den Kopf stellen.

Der kleine König Dezember II. (die Geschichte handelt im Winter, eignet sich aber ebenso für den Sommer) ist nicht länger als ein Zeigefinger, liebt Gummibärchen über alles, die er mit beiden Armen umfassen muss, um sie zu halten, und wohnt hinter dem Bücherregal des Ich-Erzählers, des niedergeschlagenen »Ins-Büro-Gehers«.

Kannst du mir nicht was aus deinem Land erzählen? Wie ist das so bei euch?, will der König immer wieder wissen. Besonders die Geburt interessiert ihn, doch nach kurzer Zeit steht fest, dass der Lebenslauf der Menschen ziemlich unlogisch ist. Allein die Zeugung! In Dezemberland umarmen sich Königin und König fest auf einem Balkon, schließen die Augen und springen. Wenn die Liebe groß genug ist, federt der Erdboden wie ein Trampolin und schleudert das Paar in den Himmel, wo es sich einen Stern schnappt. Der Stern verwandelt sich über Nacht. In Dezemberland wird man groß geboren und kann von Anfang an schon alles, doch schrittweise fällt das Wissen dem Vergessen anheim. Am Ende des Lebens hat man etwas, worauf man sich freuen kann. Man schrumpft und wird Kind! Auf die Kindheit freut man sich, nicht auf das Alter! Das mag seltsam klingen, doch im Laufe dieses Hörspiels wird die Vita des Königs immer plausibler und interessanter.

Dies ist ein All-Age-Text, in dem das Alter eines der wichtigsten Themen ist.

In der Welt des Ins-Büro-Gehers werden alte Menschen als Last empfunden, deshalb möchte bei uns keiner alt sein. In der Welt des kleinen Königs haben jedoch die kleinen »Alten« das Sagen. Dort freut man sich aufs »Alter«.

Zu den faszinierendsten Passagen gehören die beruhigenden Erklärungen des liebenswerten Minimonarchen, dass die Menschenkinder auf ihre Weise am Anfang – nach der Geburt und nur einige Jahre lang – auch »groß« sind, weil sie noch alle Möglichkeiten, weil sie eine enorme Vorstellungskraft haben. Der König zieht Parallelen: *Ihr werdet älter. Das ist wie kleiner werden.* Zu Ende gedacht, ist das Königsmodell jedoch attraktiver, denn beim Erwachsenwerden der Menschen werden die schönen Vorstellungen kleiner, nur das schnöde Wissen größer. Man kann beispielsweise (Berufs-)Träume nicht mehr verwirklichen, weil es zu spät ist, weil man sich für eine bestimmte Richtung entschieden hat. Das stimmt nicht so froh wie das Altern der Könige.

Manchmal benimmt sich der zeternde Nachfahre des Königs Dritter Januar wie ein nervendes Kind, manchmal wie ein tröstender Fantast, und oft ist er ein geduldiger Zuhörer, der den einsamen Bürogeher mit ins Land seiner Träume nimmt, Träume der Königskinder, die in Schachteln verwahrt werden, weil die Träume immer groß bleiben, auch wenn ihre Träumer schrumpfen.

Dieses Hörbuch mit den Erlebnissen wirklichkeitsfreier Tage regt auf leichte und heitere Art zum Nachdenken an. *Der Tag ist ein Traum, die Wirklichkeit findet nachts, in den Träumen statt.* Hacke treibt das alte Spiel weiter und lässt die beiden philosophierenden Protagonisten sich gegenseitig träumen. So öffnet der kleine Aristokrat dem Erzähler den Blick für den Zauber und die Schönheit des Alltags. Empfehlung: Ein Kaffee und eine Packung Gummibärchen, um

Geruchs- und Geschmacksnerven in dieses Hörereignis miteinzubeziehen.

Axel Hacke, geboren 1956, lebt als Journalist und Schriftsteller in München. Seit 1981 arbeitet er für die *Süddeutsche Zeitung* als Reporter, Streiflichtautor und Kolumnist des *SZ-Magazins.* Viele seiner in zahlreiche Sprachen übersetzten Bücher sind Bestseller, darunter *Nächte mit Bosch* und *Der kleine Erziehungsberater.* Hacke wurde u.a. mit dem Egon-Erwin-Kisch-Preis und dem Theodor-Wolff-Preis ausgezeichnet.

Axel Hacke: Der kleine König Dezember. 1 CD, Hörverlag 1997, ab 8 J.

Eine Eins in Mathe

1997
Buch-Tipp von Michael Krüger:
Hans Magnus Enzensberger
Der Zahlenteufel

Bis der Interview-Termin feststeht, gehen Briefe, Faxe und Mails hin und her, doch den zu empfehlenden Titel weiß Michael Krüger von Anfang an: Enzensbergers *Zahlenteufel.* Die Wahl überrascht. Ich hätte eher mit Geschichten von Irene Dische, Amelie Fried, Elke Heidenreich, Jutta Richter, Joyce Carol Oates oder von Friedrich Ani, Jostein Gaarder, David Grossmann, Amos Oz und Mats Wahl gerechnet. Es gibt so viele wunderbare Prosatexte für Kinder und Jugendliche von Hanser-Autoren. Doch der Verleger – selbst Romancier – empfiehlt ein Sachbuch? Und dazu noch ein Kinderbuch über Mathematik?

Michael Krüger geht in seinem lang gestreckten Arbeitszimmer langsam, aber mit großen Schritten auf und ab und erklärt nicht nur die Entstehung des *Zahlenteufels,* sondern nennt auch Gründe für die Wahl seines Lieblingskinderbuches der letzten zehn Jahre.

Der Auslöser für die Idee zum Zahlenteufelbuch liegt fast 40 Jahre zurück. Damals erschien ein von Hans Magnus Enzensberger herausgegebenes *Kursbuch* zur Mathematik. Als das Kinderbuchprogramm bei Hanser mit großem Erfolg gestartet war, erinnerte sich Michael Krüger Mitte der 90er Jahre, wie klug und abwechslungsreich im *Kursbuch* die kulturelle Bedeutung von Mathematik dargestellt worden war. Da Michael Krüger der Ansicht war, dass Enzensberger selbst einmal ein Kinderbuch schreiben sollte, verband der Verleger Enzensbergers Leidenschaft für Mathematik mit dem Bedarf an guten Kinderbüchern. Krüger wusste, dass Enzensberger ein herausragender Mathematik-Kenner ist und die ungeliebte Materie genau erklären kann, ohne sich einer ideologischen oder einer begrifflich wabernden Sprache zu bedienen. »Mag-

nus und ich schätzen beide die Fähigkeit, auch komplizierte Sachverhalte einfach darzustellen.« Eines Abends saßen sie zu dritt, mit Anita Albus, in einer Münchner Osteria und Enzensberger griff Krügers Idee, ein Kinderbuch zur Mathematik zu schreiben, sofort auf. »Hier endet schon mein Verdienst an der Entstehung des Buches, nicht aber meine Bewunderung für den Zahlenteufel«, sagt Krüger.

Zwei Bäcker backen in sechs Stunden 555 Brezeln. Wie lange brauchen dann fünf Bäcker, um 88 Brezeln zu backen?, fragt Roberts nervender Mathe-Lehrer Bockel. Kein Wunder, dass der 10-jährige Robert Mathe hasst. Ein kleines Wunder ist es hingegen, dass er nachts im Traum Besuch von einem roten Zahlenteufel bekommt. Nicht die Suche nach Lösungen stumpfsinniger Dreisatzaufgaben, sondern die wahre Mathematik mit ihren spannenden Geheimnissen und Entdeckungen wird ihm nun zuteil. Eine faszinierende Welt fern von der Schulmathematik, bei der auch die rechte Gehirnhälfte mit ihrer Stärke für Bilder und Fantasie zum Einsatz kommt.

Mit dem gehörnten Kerl begegnet der Teufelsschüler hundsgemeinen Zahlen, lässt sie hopsen oder zieht aus ihnen einen Rettich. *Das Teuflische an Zahlen ist, dass sie so einfach sind,* sagt der schlaue Beelzebub. Die dank ihm herrschende numerische Evidenz hat vor allem mit Enzensbergers sprachlicher Vermittlungsleistung zu tun: Fünf Wumm klingt besser als fünf Fakultät, Rettiche ziehen besser als Wurzeln ziehen und hopsen besser als potenzieren. Beim Aufbau von Zahlensystemen und der Erklärung der Grundlagen der Kombinatorik jongliert Enzensberger mit den Primzahlen, der Fibonacci-Folge oder dem Pascal'schen Dreieck. Zu den gekonnten Logelei-Spielchen kommen die einprägsamen Bilder

Rotraut Susanne Berners hinzu, die auf faszinierende Weise abstrakte Zahlenprobleme in Zeichnungen umsetzt: Anhand eines unendlich dehnbaren, also teilbaren Kaugummis werden beispielsweise Brüche erläutert und eine sich rasant vermehrende Hasenpopulation demonstriert die Bonatschi-Zahlen. Der Zahlenkauz und all seine Einfälle werden knallig bunt in Szene gesetzt. Damit nehmen der Autor und die Illustratorin großen und kleinen Lesern die Angst vor der Abstraktion. In zwölf durchträumten Nächten wird aus Robert, dem mathehassenden Schuljungen, ein Rechenkünstler, der am Ende gar im Palast der Zahlenteufel in den pythagoreischen Zahlenorden fünfter Klasse aufgenommen wird.

Als Michael Krüger die Entwürfe zum *Zahlenteufel* sah, ahnte er schon, dass das Buch ein Erfolg werden würde. »Für einen Verleger gibt's kaum etwas Schöneres: Ein Autor und eine Illustratorin, die beide mit Intelligenz und Witz die Probleme verstanden und gelöst haben.« *Der Zahlenteufel* wurde mit 30 Auslandslizenzen und einer Gesamtauflage von weltweit mehr als 1,5 Millionen Exemplaren eines der erfolgreichsten Kinderbücher bei Hanser. Übersetzungen in etwa 10 Sprachen, das sei normal – aber 30!, freut sich Krüger. Den Zahlenteufel gibt's auch auf Chinesisch und Arabisch, und immer mit Berners Illustrationen. Unabhängig vom Kulturkreis und von den dort herrschenden Religionen werde der Zahlenteufel mit großer Begeisterung rund um den Globus aufgenommen, erklärt Krüger. Ein solches Phänomen sei wohl nur im Kinderbuch möglich, ein Buch, das sich einmal um die Welt geschrieben hat. »Der Zahlenteufel ist wirklich ein Teufel!«

Als ich die unvermeidliche Mathe-Frage stelle, steckt sich Krüger eine Zigarette an, setzt sich an seinen PC, blickt auf den Bildschirm, scrollt auf und ab, tippt hin und wieder auf die Tastatur und spricht dabei weiter. Er habe schon als Schüler von Anfang an lieber Literatur als Mathematik gehabt. »Mathe hat man gelernt und basta.« Erst später habe er begriffen, dass Mathematik auch ein philosophisches, ein Erkenntnisproblem ist. Besagtes *Kursbuch* habe ihm die Augen geöffnet. Dass ein Autor wie Hans Magnus Enzensberger, den er verehrt, über Mathematik schreiben konnte, fand Krüger faszinierend. Für Zahlen interessierte er sich allerdings auch schon früher. Schach spielte er als Schüler heimlich unter der Bank und später in Berlin spielte er Skat. Als Krüger die Berufsschule besuchte, hatte er in Buchhaltung eine Eins. »Ich sollte sogar ein Stipendium dafür bekommen – ein Aufenthalt in Paris –, aber da hatte ich schon einen anderen Job.« Zahlen brauche er nach wie vor im Alltag: Budgetberechnungen, Vertriebszahlen, Steuererklärung ... »Manchmal wünsche ich mir, dass der Zahlenteufel kommt und mir hilft!« Der Verlag funktioniere nur, wenn er über die Zahlen Bescheid weiß. Jeden Morgen liest Krüger eine halbe Stunde alle Absatzzahlen. »Ich muss sie kennen, sie sind ein Teil meiner Verlagsarbeit und Voraussetzung auch für ganz einfache Überlegungen – ob und wann nachgedruckt werden muss usw.« Für seine Zahlenarbeit habe er sich nie geschämt. Nur wenn er seine Zahlen kenne, könne er den Verlag sicher führen. »Manche wollen nichts damit zu tun haben, behaupten, das behindere die Kreativität. Das Gegenteil ist der Fall. Zahlen können beflügeln. Enzensberger beweist es mit dem *Zahlenteufel.*« Literatur wolle lügen, Mathematik lüge nicht, sagt Krüger, gesteht aber, dass er auf die Mathematik verzichten würde, wenn er sich zwischen Literatur und Mathematik entscheiden müsste, weil man für Letztere eine Begabung brauche, die er nicht habe. »Wenn ein Kind sich nicht mit Mathe beschäftigen will, liegt das an den Lehrern. Etwas Klareres und Schöneres als Mathe kann es gar nicht geben. Mathe ist ein großes Vergnügen!«, fasst der Verleger zusammen und führt u.a. auch darauf den Erfolg seines Lieblingskinderbuches zurück.

Klarheit, aber auch Intuition und eine enorme Fantasie zeichnen den *Zahlenteufel* aus. Manchmal erinnern die verschobenen Perspektiven, die bilderreiche Sprache des Unterbewussten und die bizarren und extremen Stimmungen in der Traumwelt (Robert beispielsweise allein in einem Wald aus lauter riesigen Einsen) und die ursprünglich komplizierten und von Enzensberger kunstvoll auf lapidare Beispiele reduzierten Probleme an *Alice im Wunderland,* dessen Autor Lewis Carroll ein Mathematiker war. Und genau betrachtet wirkt Roberts cholerischer und rüder Cicero namens Teplotaxl (bestimmt steckt Zahlenmystik hinter dieser Buchstabenfolge, doch das Studium der Kabbala führte diesbezüglich bislang zu keinem Ergebnis) trotz der Hörner und des zornigen Blicks weniger wie ein Teufel, sondern eher wie ein gerissener Zahlenzauberer. Der wäre ohnehin der Mathematikerzunft lieber als die teuflische Verwandtschaft. Jedenfalls darf dank der großen Verbreitung dieses Buches weiterhin mit vielen neuen Zahlenzauberlehrlingen gerechnet werden.

Bei Lesungen, Vorträgen und in Interviews kritisierte Enzensberger mehrfach die Schwierigkeiten der Mathematik-Lehrer, ihren Schülern die Eleganz und Ästhetik ihrer Materie auf spielerische Weise beizubringen. Enzensbergers Tochter Theresia, der er das Buch widmete, war bei Erscheinen des *Zah-*

lenteufels zehn Jahre alt. Enzensberger hatte bei ihr beobachtet, dass Pädagogik und Didaktik seit seiner Schulzeit kaum Fortschritte gemacht hatten. Antiquierte Unterrichtsmethoden und veraltete Lehrpläne förderten nach wie vor den Hass der Kinder auf die Mathematik und den bereits weit verbreiteten »mathematischen Analphabetismus«, fand Enzensberger und erinnerte sich, wie ihn selber früher die Mathematik angeödet hatte. »Zwei Drittel aller Leute gehen aus unseren Schulen als lebenslängliche Mathe-Krüppel hervor«, stellte Enzensberger fest. Der Dichter wies auf mathematische Forschungsergebnisse hin, die kaum ein Publikum finden. Besonders interessant sei die Entdeckung von Sätzen, die weder beweisbar noch widerlegbar seien, was der Mathematik den Nimbus der Unfehlbarkeit nehme. Auf einer Fortbildung befassten sich die Lehrerinnen Ulrike Schulte und Heike Wagner mit Enzensbergers *Zahlenteufel* und schrieben in einem Bericht für die *Grundschulzeitschrift,* dass die Kinder ohne dazu aufgefordert worden zu sein, konzentriert und begeistert mitmachten und den Tag mit der Frage beendeten: »Können wir morgen wieder mit euch Mathe machen?«

Hans Magnus Enzensberger, Rotraut Susanne Berner (Ill.): Der Zahlenteufel. Ein Kopfkissenbuch für alle, die Angst vor der Mathematik haben. Hanser 1997. 264 S., ab 9 J.

Miranfu!

1998
Carmen Martin Gaite
Rotkäppchen in Manhattan

Die kleine Sarah Allen im roten Regenmantel mit Kapuze und am Arm den mit einer karierten Serviette bedeckten Henkelkorb, ist am Tag ihres zehnten Geburtstages in einer U-Bahn-Station Nähe Central Park auf Hilfe angewiesen. Geträumt hat sie schon lange von Manhattan, jener *Insel in der Form eines Schinkens mit einem Spinatkuchen in der Mitte, der Central Park heißt.* Es ist Sarahs erster selbständiger Ausflug zu ihrer Großmutter nach Manhattan von Brooklyn aus, wo sie allzu behütet im 14. Stockwerk eines Hochhauses wohnt. Sarah liebt ihre schwungvolle und unkonventionelle Oma, die früher unter dem Namen Gloria Star als Sängerin und Tänzerin auftrat. Die Oma hilft ihrer Enkelin, der überfürsorglichen Mutter mit kleinen Fluchten – meist nur in die Fantasie – zu entkommen. Und wenn Sarah allein zu Hause ist, denkt sie sich Geschichten aus und erfindet eine eigene Sprache, in der das Zauberwort »Miranfu« vorkommt, das dafür sorgen soll, dass Sarah Überraschungen erlebt.

Nun steht sie verloren im Menschengewühl der U-Bahn-Haltestelle Columbus Circle. Eigentlich hat sie sich gut auf diesen Moment vorbereitet. Sie hat einen Stadtplan bei sich, den ihr der »Bücherkönig« und Ex-Besitzer der Buchhandlung

»Books Kingdom« Aurelio Roncalli, ein Freund ihrer Großmutter, geschenkt hatte, und sie hat ein Buch über die Freiheitsstatue, insbesondere über Madame Bartholdi gelesen, die Mutter eines elsässischen Bildhauers, der die Freiheitsstatue geschaffen hat. Der Park und diese Statue ziehen das Mädchen magisch an.

Wegen ihres unbändigen Freiheitsdrangs und ihrer starken Vorstellungskraft fühlt sich Sarah manchmal wie Alice im Wunderland. Kein Wunder, dass sie sich verirrt. Wer weiß, was ohne die geheimnisvolle und weise Miss Lunatic geschehen wäre, die immer ein Lumpenwägelchen bei sich hat und sich nun Sarahs annimmt. Miss Lunatic – eine lustige alte Stadtstreicherin und gute Fee in einem – und Rotkäppchen-Sarah haben sich nun fantastische Geschichten zu erzählen. Was aber inzwischen geschieht, vor allem Sarahs Erkenntnis, dass Miss Lunatic eigentlich ein Wunder ist, weil sie Madame Bartholdi, die Muse des Bildhauers der Freiheitsstatue, war und längst tot sein müsste, der Blutpakt mit diesem Geist und Sarahs Begegnung mit Mr Woolf (sic!), dem einsamen Tortenkönig von New York, ist selbst die unglaublichste Geschichte. Carmen Martin Gaite erzählt sie mit Charme und Spannung und kokettiert effektvoll mit Märchenvorlagen. Das moderne amerikanische Rotkäppchen geht respektlos mit dem hungrigen, aber gutmütigen Mr. Woolf um, der verzweifelt auf der Suche nach einem besseren Erdbeertortenrezept ist, ohne das der weltweit gute Ruf seiner großen Konditorei gefährdet wäre. Sarah öffnet ihm nicht nur den Henkelkorb mit der besten Erdbeertorte, die der Tortenkönig jemals gegessen hat, sondern auch den Zugang zur Macht des Wunderbaren.

Das Buch ist ein Plädoyer für die kindliche Einbildungskraft und für die entsprechende Literatur, die auf postmoderne Art hier zitiert und montiert wird: *Alice im Wunderland, Heidi, Robinson Crusoe* oder Bastian aus der *Unendlichen Geschichte.* Und es ist ein spannender Roman:

Sarah bückte sich und tastete ihr Söckchen ab. Sie fingerte nervös zwischen dem weißen Gewebe und ihrem Knöchel, bis sie an ihre Fußsohle kam. Dahin war die magische Münze gerutscht. Ein Stein fiel ihr vom Herzen. Miranfu! Nicht auszudenken, wenn sie die Münze verloren hätte.

Plötzlich musste sie lächeln. Sie hatte eine wunderbare Idee. Sie hatte ihre Entscheidung getroffen.

Sie steckte den Schlüssel ins Türschloss und öffnete sie ganz langsam. Die Kälte draußen machte sie hellwach. Sie strotzte vor Tatendrang. Jetzt ging es darum, Peter nicht in die Hände zu fallen, der für ihr Vorhaben nur ein Hindernis war, wie sich ja bereits gezeigt hatte.

Sie duckte sich und schlich hinter den Fahrzeugen vorbei, die auf ihrer Straßenseite standen, manchmal auch hinter den Mülltonnen, und erreichte über ausgehobene Erdhaufen und Seitenstraßen den Abhang vom Morningside Park, der an die Südfassade von Saint-John-Divine grenzte. Sie dachte flüchtig daran, dass es in dieser Gegend, vielleicht nicht weit von hier, einst eine Buchhandlung gab, die sie nie kennen gelernt hatte: das Königreich der Bücher.

Vor der realistischen Kulisse New Yorks haucht Gaite Mr Woolf, dem Prototypen eines gestressten und erfolgreichen Unternehmers, die Fähigkeit zum Träumen ein und ihrem Rotkäppchen mittels chinesischer Glücksröllchen und eines

Zauberworts die Gabe, Wunder als solche zu erkennen. Und Sarah vollbringt selbst ein kleines, indem sie Mr Woolf mit seiner Jugendliebe zusammenbringt, mit Oma Rebecca Little alias Gloria Star. Die beiden Glücklichen tanzen am Ende Tango. Manchmal schreibt Gaite in einer knappen, pointierten Sprache, manchmal versteigt sie sich zu wunderbaren, sechszeiligen Schachtelsätzen. Als das Buch in Spanien erstmals 1990 erschien, stellte sich daher die Frage nach der Zielgruppe. Sarah Allen ist heute wie damals das 10-jährige, freiheitsliebende Mädchen. Ihre potenziellen Leser hingegen »are getting older younger« und nehmen es inzwischen als Gleichaltrige gerne mit aktualisierten Märchen auf. Ein Gewinn für alle ist dieser verträumte Roman über das Glück und die Freiheit, worin südländisches Temperament auf amerikanische Verhältnisse trifft – eine Spanierin in New York. Die Widmung lautet: *Für Juan Carlos Eguillor zum Dank dafür, dass er Rotkäppchen und mir neues Leben eingehaucht hat, als wir Ende jenes schrecklichen Sommers durch Manhattan irrten.*

Carmen Martin Gaite ist eine der angesehensten Schriftstellerinnen Spaniens. Für ihr literarisches Werk, das Romane, Erzählungen, Essaybände, Lyrik und auch ein Drama umfasst, erhielt sie hohe Auszeichnungen.

Carmen Martin Gaite: Rotkäppchen in Manhattan. Aus dem Spanischen von Anne Sorg-Schumacher. Suhrkamp 1998, 178 S., ab 10 J.

Die große Wildwest-Saga

1998
Peter Carter
Abschied von Cheyenne

»Historische Romane ermöglichen es uns, von einer Zukunft zu lesen, die wir in einer Weise kennen, wie das in Bezug auf unsere eigene Zeit gar nicht möglich sein kann. Es lohnt, sich an die Aussage zu erinnern, dass, was für uns Vergangenheit ist, einst die unvorstellbare Zukunft war«, sagt Peter Carter, Autor vieler erfolgreicher historischer Jugendromane.

Abschied von Cheyenne ist nicht nur in Carters Schaffen, sondern in der gesamten Jugendliteratur des letzten Jahrzehnts ein herausragender historischer Roman: Texas, Louisiana, Kansas, Missouri, Arkansas – 1871. Cowboys, Indianer, Büffeljäger, Goldgräber, Händler, Farmer, Banditen, Sheriffs, Eisenbahnarbeiter – der Mittlere Westen zwischen erwachender Bürokratie und Gesetzlosigkeit, zwischen Landnahme und Wildheit – und ein 13-jähriger Junge, der Ich-Erzähler Ben Curtis. Dieses Vollbluttexanerkind, das auf sich allein gestellt ist, versucht, sich in einer unberechenbaren Umbruchgesellschaft zurechtzufinden.

Nach dem Tod der Eltern muss Ben mit seinem Bruder Bo (die Mutter hatte eine Schwäche für Walter Scott und nannte eine Tochter Florimella und den erstgeborenen Sohn Beauregard) eine heruntergekommene Farm in Texas verlassen. Die

Brüder arbeiten als Cowboys bei einem Viehtrieb. Eine riesige Herde muss tausend Meilen nach Kansas begleitet werden: Dürre, Lagerfeuer, Stampeden und wilde Feiern in Saloons nach dem geglückten Trail. Doch als Bens Bruder in der Viehtreiberstadt Abilen hinterrücks erschossen wird, schwört der Junge Rache und nimmt sein Leben in die eigene Hand. Sein Wunsch, ein richtiger Rancher zu sein, mit einem eigenen, registrierten Brandzeichen, geht – vorerst – nicht in Erfüllung.

Die Leser werden hineingezogen in ein episches Sozialgemälde, das mit Detailgenauigkeit Schattenseiten und Faszination des Wildwest-Mythos schildert. Die Massaker an Indianern oder die Diskriminierung von »Niggern« (Ben nennt sie glücklicherweise nicht politisch korrekt, dafür authentisch in seinem schnoddrigen Ton so) sind wichtige Themen, über die man unmerklich viel lernt, denn die Handlung dieses Entwicklungsromans wird schnell vorangetrieben bis hin zum großartigen Showdown im irritierenden Schneetreiben eines Blizzards nach 440 Seiten. Peter Carter gelingt es immer wieder, mit kurzen und treffenden Beschreibungen die Erzählatmosphäre zu verdichten. Eines von unzähligen Beispielen ist die Schilderung des Predigers Tyler, wie er verschwindet, nachdem er den ratlosen Brüdern ein Ultimatum gestellt hat: *Dann steckte er die Füße in die Steigbügel, gab dem Pferd die Sporen und ritt davon, ganz zusammengesunken und schwarz, mit gesenktem Kopf, wie eine Krähe auf einem Zaun.*

Auf die Frage, welches unter seinen eigenen Büchern sein Lieblingsbuch sei, sagt Carter: »Ich mag an all meinen Büchern etwas, aber es gibt Stellen, die ich hätte besser machen können. Ich denke jedoch, dass in *Abschied von Cheyenne* die Tatsache, dass ich den Charakter und den Ton der Jungen über

400 Seiten aufrecht halten konnte, keine schlechte Leistung war, und auch, dass es mir gelungen ist, den weit gespannten Hintergrund zu skizzieren, ohne dass er aufdringlich ist – einige Abschnitte sind sogar, glaube ich, wirklich lustig.«

Ja, lieber dieses Buch als tausend TV-Western! Romantisch und realistisch gleichzeitig, humorvoll und knallhart ist dieser Roman – ein ganz großes Abenteuer. Marlboro ohne Zigaretten, ohne Zivilisation nach 1900. Wirklich wild und doch seriös und historisch exakt recherchiert. Vielleicht ist es kein Zufall, dass auch Fritz Göttler, der Filmkritiker der *Süddeutschen Zeitung,* bei der Lektüre in Begeisterung ausbrach und am Ende seiner Rezension folgende Passage zitierte und folgendes Lob aussprach: »*Ein Land zum Reiten, frei wie ein Vogel konntest du reiten, den Horizont vor Augen, der nirgendwo endete, denn wenn du da ankamst, erstreckte sich das Land weiter bis zu einem nächsten Horizont, und du brauchtest nichts weiter als ein gutes Pferd, ein Gewehr und eine Bettrolle, und die ganze verdammte Welt gehörte dir.* Das ist eine gute Beschreibung eines großen Landes – und dieses großen Buches, das davon erzählt.«

Peter Carter ist anglo-irischer Abstammung. Er studierte englische Literatur in Oxford und war danach als Lehrer tätig. Als er entdeckte, dass sich seine Schüler wenig für den traditionellen Kanon der Jugendliteratur interessierten, begann er selbst zu schreiben. Seine Bücher wurden mehrfach ausgezeichnet.

Peter Carter: Abschied von Cheyenne. Aus dem Englischen von Susanna Friederike Levin. Freies Geistesleben 1998, 463 S., ab 13 J.

Was ist Kitsch?

1998
Fantasy Factory
Das Prestel Kunstspiel

Keine Buchseiten. Der Inhalt: ein großformatiger Spielplan, drei Spielfiguren, 84 Holzchips in sechs Farben, zehn Auktionskarten, 100 Bildkarten von Tizians Venus über Dürers Feldhasen bis zu Warhols Suppendose, 114 Aufgabenkarten, sieben Farbpaletten, ein so genannter Entlarver (eine rote Folie, um die auf die Karten aufgedruckten Lösungen sichtbar zu machen) und zwei Würfel. Der Mitspieler mit der farbenfrohsten Kleidung darf beginnen. Schon schaut man aufmerksamer, sieht Einzelheiten bei den Mitspielern, die man bislang nicht beachtet hat.

Nicht einsames Lesen diesmal. Aber allein beim Blättern in den hochwertigen Farbdrucken von 100 Kunstwerken könnte man mehr Zeit verbringen als mit einer Fantasy-Trilogie.

Ziel des Spiels: Chips in der richtigen Farbe sammeln und als Erster die eigene Farbpalette damit füllen. Je mehr mitspielen (maximal sieben Personen), desto besser.

Wo würde man die Sonnenblumen van Goghs aufstellen? Woran denkt Dürer beim Malen seines Gesichts? Was bedeuten Porzellanmalerei, Stilleben oder Kitsch? Um welche Tageszeit könnte Monet seine Frau mit Sonnenschirm gemalt haben? Wo möchte man sich auf einem bestimmten Bild aufhalten?

Durch solche Fragen erhalten die Gemälde eine außergewöhnliche Sinnlichkeit. Das Spiel weckt Lust am Hinsehen. Es bietet ein größeres Vergnügen und vermittelt mehr Wissen als manch ein Gang durchs Museum. Zudem ist man in Gesellschaft, teilt das Erfahrene mit anderen und lernt die Mitspieler besser kennen. Kunst als Kommunikationsmittel: Die Antworten verraten viel über die Mitspieler.

Das Spiel ist eine Mischung aus Quizspielelementen, beinhaltet eine Vielfalt an Herausforderungen und sorgt so für Abwechslung. Es geht nicht nur darum, den Wahrheitsgehalt von Aussagen zu prüfen: Begriffe müssen gemalt werden, das Gemalte muss von den anderen erkannt werden, es müssen Übereinstimmungen zu den Aussagen der Mitspieler hergestellt werden, oder es muss geraten werden, welcher Mitspieler welche Antwort auf Fragen zu Gemälden gibt, also welche Bildinterpretation zu welchem Mitspieler passt. Das Spiel ist demnach kein Wissensquiz für Profis, sondern verbindet Gefühl für Kunst mit Elementen des Spiels »Tabu«. Es war der erste Versuch des bisher nur im Buchgeschäft tätigen Prestel-Verlages. Der Gedanke war, die vielen mit exquisiten Kunstbüchern gesammelten Erfahrungen neu umzusetzen. Es hätte nicht besser gelingen können, denn der Lerneffekt ist mindestens so groß wie bei den besten Kunstbüchern und die Gewinnchancen werden gut verteilt auf Leute mit viel Fantasie, auf Zocker oder auf Kunstkenner. Kreativität und Improvisationstalent sind gefragt. Hier können 12-Jährige gegen Kunsthistoriker gewinnen.

Fantasy Factory, Susanne Rüber (Ill.): Das Prestel Kunstspiel. 3–7 Spieler. Prestel 1998, ab 12 J.

Ein echter Bär

1998
Michael Bond
Ein Bär mit Namen Paddington

Raschel-Zisch-Quietsch und dazu Stimmengewirr: Bahnhofsgeräusche. Das Ehepaar Brown will seine Tochter Judy abholen. Doch mittendrin im Bahnhofsdurcheinander entdeckt Mr Brown einen kleinen, verwaisten Bären mit Hut – wir sehen ihn förmlich vor uns. *Bitte kümmern Sie sich um diesen Bären,* steht auf dem Schild, das er um den Hals trägt. Ein Glück, dass er Englisch spricht! Viele turbulente, komische und zu Herzen gehende Episoden nehmen so ihren Lauf. Schon im Bahnhofsrestaurant gibt Paddington erste Kostproben seiner Ungeschicklichkeit. Voller Sahne und Marmelade wird er wenig später ins Taxi verfrachtet, was den Fahrer, als er eine Tatze auf der Schulter spürt, gar nicht freut. Egal ob in der Badewanne, auf der Rolltreppe, im Theater, am Strand oder auf seiner Geburtstagsparty: Paddington, der *im finstersten Peru* bei seiner Tante aufgewachsen ist, sorgt auf nicht ganz einfach zu durchschauende Weise für Riesenspaß.

Humor und Komik entstehen dadurch, dass Paddington – das einzige fiktionale Element innerhalb dieser Geschichten – einerseits sehr höflich, andererseits eben doch ein echter Bär unter Menschen ist. Bond definierte seinen Helden so: Paddington sei oft fast so schlau und anständig wie die Erwachsenen, aber zugleich naiv und unbeholfen wie ein Kind. Hinzu komme eine variable Eigenschaft in Form außergewöhnlicher Logik. Trotz Paddingtons besonderer Scharfsicht sind ihm aber die Kinder gedanklich und motorisch meistens etwas überlegen, so dass es ihnen Freude macht, sich vorab die katastrophalen Konsequenzen von Paddingtons Tun auszumalen. Paddingtons mangelnde Großstadterfahrung ermöglicht es Bond zudem, den Kindern via Bär en passant Wissenswertes zu vermitteln. Andererseits können sich die Kinder wunderbar in Judy und ihren Bruder hineinversetzen und die vielen Erklärungen, Kommentare und Belehrungen bei ihrem eigenen Teddy wiederholen.

Paddington ist kuschelig, hat nach dem Bad ein seidenweiches und glänzendes Fell und erinnert daher die kleinen Zuhörer an das eigene Plüschtier, aber eben auch an eigene Missgeschicke. So ergibt sich eine doppelte Identifikationsbasis, die der Autor wie wohl niemand vor ihm in jeder Paddington-Geschichte sehr geschickt herzustellen weiß.

Peter Simonischek, Mitglied des Ensembles der Berliner Schaubühne, spricht mit mal hektischem, mal gelassenem Duktus und weiß sich stimmlich und emotional in viele Tonlagen verschiedener Figuren hineinzuversetzen – ein idealer Akteur für augenzwinkernd vorgetragenes britisches Understatement. Sparsam, aber effektvoll – oft schon zu Beginn der Geschichten die bevorstehenden Höhepunkte andeutend – werden Geräusche eingesetzt.

Michael Bond wurde 1926 in Newbury, Berkshire, geboren. Bond schrieb Kurzgeschichten, Radiostücke und Filmdrehbücher, bevor er es mit einer Kindergeschichte über einen Teddybären versuchte, den er seiner Frau geschenkt hatte. 1958 erschien der erste von vielen Paddington-Bänden, allesamt internationale Bestseller. Seit 1966 ist Bond Direktor der »Paddington and Company« Filmgesellschaft. Der vielfache Segen, der enorme Erfolg, der Paddington für Bond bedeutet, ist nicht unproblematisch: Der Autor ist für immer mit seinem süßen pelzigen Geschöpf eng verbunden. All seine zahlreichen anderen Texte, egal ob für Kinder oder Erwachsene, haben keine Chance gegen Paddington, der seinem Schöpfer Jahr für Jahr neue Abenteuer abverlangte. Bond klagte manchmal, dass seine Fantasie an ihre Grenzen gekommen sei und dass sein kleiner Bär Charme und Spontaneität zu verlieren drohe. Trotzdem erwarten Millionen Paddington-Fans Fortsetzungen, die Bond bis vor kurzem pflichtbewusst lieferte und wohl weiterhin liefern wird.

Michael Bond: Ein Bär mit Namen Paddington, aus dem Englischen von Monika Osberghaus, vorgelesen von Peter Simonischek, 1 MC, Hörverlag 1998, ab 5 J.

Schlüssel zu einer Bibliothek der Leidenschaft

1998
Buch-Tipp von Florian Langenscheidt:
A. A. Milne
Pu der Bär

Ein Bär kommt selten allein. Was hat nun dieser Klassiker aus dem Jahr 1926 in unserer Auswahl bester und ganz aktueller Kinderbücher zu suchen? Neu auf dem deutschen Markt ist immerhin das Hörbuch *Winnie-the-Pooh,* das Original gelesen von Bernard Cribbins (eine BBC-Produktion im Hörverlag), womit jetzt schon Grundschulkinder hierzulande die klanglichen Vorzüge im Englischen entdecken können, angefangen bei den Binnenreimen in der Einleitung, die es im Deutschen nicht gibt, als Pu unten an der Treppe landet, *... ready to be introduced to you, Winnie-the-Pooh.* Die Literaturkritikerin Monika Osberghaus lobte Harry Rowohlts Übersetzung und dessen Hörbuch und schrieb: »Besser aber für jeden Erwachsenen, der es mit Kindern zu tun hat, ist es, er liest das Buch selbst, laut und ungefähr einmal im Jahr. (...) Für den Erwachsenen ist *Pu der Bär* eine Art Kompass. Man kann sich mit ihm immer wieder einordnen in die Sehweise und Erlebnisfähigkeit der Kinder.« Das weiß auch Florian Langenscheidt, der sein Pu-Erlebnis folgendermaßen beschreibt:

»Es ist halbdunkel im Zimmer meiner Söhne. Beide liegen in ihren Betten, mit Tüchern und Tierchen beschäftigt. Ich strecke mich aus der Tiefe des geliebten alten Ohrensessels, ziehe die Stehlampe zu mir herüber und beginne mit brüchiger Stimme zu lesen: *Erstes Kapitel – In welchem wir Winnie-dem-Pu und einigen Bienen vorgestellt werden und die Geschichte beginnen.*

Ja, hier beginnen für Robin und Harry die Geschichten. All die Geschichten der zweiten und dritten Wirklichkeit, der Fantasie und des Traumes, der Möglichkeit und Entrücktheit. All die Geschichten, die den Kerker unserer eigenen Erfahrung aufbrechen und sich ins helle Licht der Imagination wagen. All die Geschichten, die uns das Leben anderer eröffnen, Fremdes nahe bringen und Unbekannte lieben lassen.

Zahllose Bilderbücher haben Robin, Harry und ich gemeinsam betrachtet. Doch heute öffnen wir die Tür zu einem ganz anderen Raum: dem des reinen Fabulierens, der puren Fiktion. Das erste lange und ›richtige‹ Buch wird aufgeschlagen, die Reise in das Ungeahnte kann beginnen: *Hier kommt nun Eduard Bär die Treppe herunter, rumpel-di-pumpel, auf dem Hinterkopf, hinter Christopher Robin. Es ist dies, soweit er weiß, die einzige Art, treppab zu gehen, aber manchmal hat er das Gefühl, als gäbe es in Wirklichkeit noch eine andere Art, wenn er nur mal einen Augenblick lang mit dem Gerumpel aufhören und darüber nachdenken könnte. Und dann hat er das Gefühl, dass es vielleicht keine andere Art gibt. Jedenfalls ist er jetzt unten angekommen und bereit, dir vorgestellt zu werden. Winnie-der-Pu.*

Schöner sind wenige Figuren der Weltliteratur in die Fantasie der Kinder eingeführt worden. Sofort ist man bei ihm, dem Bären der Bären, sofort in ihm und auf seiner Seite. Robin und Harry jedenfalls sind still. Gut, denn ich will sie ab heute jeden Abend entführen. In die Welt von Pu, Ferkel, I-Ah, Känga und Klein Ruh. Wie viele Millionen von Kindern haben schon mit Pu unter der Eiche gesessen und mit Ferkel beinahe ein Wuschel gefangen? Früher waren es die Erzählungen der Alten, heute sind es die Bücher, die Zusammenhang stiften und Tradition bilden. Mögen Robin und Harry die eigene Existenz bereichern durch ein buntes Durcheinander literarischer Figuren, mit denen sie leiden und jubeln, ausrasten und innehalten. Mögen sie Fehler vermeiden, indem sie probehandeln im Raum der Romane und lesend ergründen, ob sie richtig leben.

Mögen sie, mögen sie – ich werde ganz emotional, und dabei ist es doch nur das erste große Vorlesebuch meiner Kinder. Eben nicht ›nur‹! Dieses Buch wird sich einprägen in die jungen Seelen, sie werden es mit sich tragen und eines Tages

leise lächelnd daraus ihren Kindern vorlesen. Es wird ein Schlüssel sein zu einer Bibliothek der Leidenschaft, ein Trampolin in den Himmel der Fantasie. Es wird sie lehren, dass Leben mehr ist als unser eigenes und Erleben nicht nur die Wahrnehmung unserer direkten Umgebung. Mit den Flügeln der Imagination können wir abheben zu Reisen in unbekannte Gefilde und niemand kann uns dieses Stück Freiheit je nehmen.

An das alles dachte Pu nicht. Er dachte an die Bienen und ihr Summgeräusch und warum es sie überhaupt gibt. Weil sie Honig machen. Und warum machen sie Honig? Damit er ihn essen kann. Also begann er den Baum hinaufzuklettern – Robin und Harry mit ihm. Er kletterte und kletterte und sang seine Lieder. Und als er fast oben bei den Bienen war, stellte er sich auf einen Ast … Krach!

›Ach, Hilfe!‹, sagte Pu, als er auf den Ast drei Meter tiefer fiel (…) ›Es kommt alles, nehme ich an, daher‹, entschied er, als er sich vom letzten Ast verabschiedete, sich dreimal um sich selbst drehte und anmutig in einen Stechginsterbusch flog, ›es kommt alles daher, dass man Honig so sehr schätzt. Ach, Hilfe!‹

Hier muss ich innehalten. Die beiden Jungs lachen sich krank, von Ast zu Ast mehr und fast bis zum Schluckauf. Sie lieben den Text – und ich seinen Urheber A. A. Milne in Dankbarkeit für seinen eigenwilligen Stil und unangestrengten Humor.

›Weiter, weiter‹, fleht mich Robin an. Schon ist er süchtig, schon kann man feste Schlafenszeiten vergessen. Und dabei kennt er noch nicht einmal Tiger, das Kaninchen und die Eule …

Also lassen wir uns nicht entmutigen vom Sturz und gehen mit Pu zu Christopher Robin, um uns einen Ballon zum Aufsteigen zu holen. Welche Farbe? Na, blau natürlich, damit die Bienen denken, man sei ein Teil des Himmels. Aber würden sie dann nicht Pu unter dem Ballon sehen? Nicht, wenn er wie eine kleine schwarze Regenwolke aussähe! Das würde sie täuschen.

Pu geht zu einer schlammigen Stelle, die er kennt, und wälzt und wälzt sich dort, bis er am ganzen Körper schwarz ist. Dann wird der Ballon so groß aufgeblasen, dass man ihn ›groß‹ nennen kann; Pu der Bär hängt sich daran und hebt ab. Anmutig schwebt er hinauf in den Himmel seines Honighungers und nimmt Robin und Harry endgültig mit auf eine lebenslange Reise in die Welt der Bücher.«

(Mit freundlicher Genehmigung des Autors und des Verlages leicht gekürzte Fassung eines Textes aus: *Glück mit Kindern. Eine Liebeserklärung in Geschichten und Bildern,* Heyne Verlag 1997)

Alan Alexander Milne wurde 1882 in London geboren und starb 1956 in Sussex. Er studierte Mathematik, wurde freier Journalist und später Redakteur bei der satirischen Zeitschrift *Punch.* Mit seinen Komödien für das Theater hatte er bereits großen Erfolg, als er begann, für seinen Sohn Christopher Robin eine Bärengeschichte zu schreiben.

Alan Alexander Milne, Pu der Bär. Aus dem Englischen von Harry Rowohlt. C. Dressler Verlag 1999, 160 S., ab 5 J.

Zwischen Anpassung und Widerstand

1999
Gail Carson Levine
Ella, verzaubert

Mandy schnitt den Kuchen an, gab mir das erste Stück und sagte, ohne zu denken: »Iss.«

Der erste Bissen schmeckte wundervoll und ich aß das Kuchenstück freudig auf. Als der Teller leer war, schnitt Mandy mir ein zweites Stück ab. Bei diesem Stück wurde es schon schwieriger, doch ich aß auch dieses auf. Danach gab mir niemand mehr ein neues, aber ich wusste, dass ich weiteressen musste. Ich spießte meine Gabel in das große Kuchenstück.

»Ella, was tust du da?«, fragte Mutter.

»Kleines Ferkel.« Mandy lachte. »Aber heute ist ihr Geburtstag, Lady. Heute darf sie so viel essen, wie sie mag.« Und sie legte mir ein drittes Stück auf den Teller.

Mir war schlecht und ich hatte Angst. Warum konnte ich bloß nicht aufhören zu essen?

Das Schlucken war ein Kampf. Jeder Bissen lag mir schwer auf der Zunge und fühlte sich an wie zäher, klebriger Leim, während ich darum rang, ihn hinunterzuwürgen. Ich begann zu weinen, während ich aß.

Mutter merkte es als Erste. »Hör auf zu essen, Ella!«, befahl sie. Und ich hörte auf.

Jeder konnte mich mit einem Befehl beherrschen.

An ihrem fünften Geburtstag kam Ella zum ersten Mal der Fluch zu Bewusstsein, der seit ihrer Geburt auf ihr lastet. Die törichte Fee Lucinda wollte Ella bei der Taufe eine Gabe verleihen, aber weil Ella in der ersten Stunde ihres Lebens ununterbrochen schrie, schüttelte Lucinda voller Mitgefühl mit Ellas Mutter den Kopf und berührte Ellas Nase: *Meine Gabe an Ella ist Gehorsamkeit. Sie soll immer folgsam sein.*

Diese kleine narrative Conditio wird über 250 spannende und heitere Seiten hinweg herausragend virtuos bis hin zu einem furiosen Hochzeitsfinale variiert.

Ella heißt die 15-jährige Ich-Erzählerin. Sie befindet sich in einer Fantasywelt voller Riesen, Zentauren, Gnomen, Elfen, Menschenfressern, Feen und allerhand anderen Fabelwesen. Ella ist zum Glück sprachbegabt. Der Satz *»szah, suSS fyng mOOng psySSahbuSS« (»Ja, und sie haben köstlich geschmeckt«)* bereitet ihr keinerlei Schwierigkeiten. Insbesondere die Idiome Abdegisch, Ayorthanisch, Gnomisch oder Ogresisch (die zum Teil auch in der Tierwelt verbreitet sind) interessieren das Mädchen und helfen ihr, sich in diesem großen Abenteuer zurechtzufinden und zu überleben.

Als Ella 15 ist, stirbt ihre Mutter. Prinz Charmont ist bei der Beerdigung anwesend. Eine zarte Liebesgeschichte bahnt sich an, doch bis zu ihrem glücklichen Ende wird es noch lange dauern, denn Ella wird von ihrem hartherzigen Vater in ein Internat gesteckt, in dem die Mitschülerinnen bald Ellas Schwäche, ihre Gefügigkeit, entdecken und schamlos ausnutzen.

Ella flüchtet mit einem großen Ziel vor Augen: Sie muss die Fee Lucinda finden, um sich von dem Fluch, der ihre Liebe zu Char unmöglich macht, zu befreien. Bevor es so weit ist, muss sie gefährliche Situationen meistern und zudem die Tyrannei ihrer Stiefschwestern und ihrer Stiefmutter (das Aschenputtel- und viele weitere Märchenmotive werden bewusst eingesetzt) über sich ergehen lassen. Ella wehrt sich trotz der aussichtslosen Lage immer mit List, Mut und enorm viel Sprachwitz. Sie handelt wie ein selbstbewusstes Mädchen aus der heutigen Zeit, mit dem sich Leserinnen leicht und gerne identifizieren, und versucht – manchmal der Verzweiflung nahe –, dem übermächtigen Fluch zu widerstehen. Gelingen wird es ihr erst ganz am Ende, als sie das wohl von den Lesern ersehnteste »Nein!« der Kinderliteraturgeschichte aus sich hinaus schreit. Befreiender und erlösender lässt sich Widerspruch und Ungehorsam und die Entwicklung von Selbstbewusstsein hin zu Selbstständigkeit in einem Roman nicht darstellen.

Der Autorin Levine gelingt es nicht nur, die Leser blendend mit einem außergewöhnlichen Genre-Mix aus Fantasy-, Märchen-, Abenteuer-, Liebes- und Emanzipationsgeschichte zu unterhalten, sondern auch für die Feinheiten der Sprache zu sensibilisieren. Der psychologisch gut durchdachte Roman verdeutlicht, wie oft in Alltagsgesprächen unbewusst Befehle erteilt werden. Und wie oft (blinder) Gehorsam keine Tugend ist, sondern in die Katastrophe führen kann, vor allem wenn man den falschen Menschen gehorcht oder in einem falschen Lebenskreislauf steckt. Facettenreich wird hier der Konflikt zwischen Anpassung und Widerstand ausgeleuchtet.

Was bedeutet es, immer das zu tun, was von einem erwartet und verlangt wird? Wohin kann kritiklose Folgsamkeit führen? Welche Wünsche oder Befehle sind sinnvoll, welche überflüssig? *Ella, verzaubert* ist ein romantisch-beschwingter und märchenhaft-witziger Roman, der diese Fragen beantwortet und deshalb auch allen gut meinenden Erziehern empfohlen sei, die sich allzu brave Kinder wünschen.

Gail Carson Levine, aufgewachsen in New York, schrieb mit ihrem Mann ein Kindermusical, das an einem Theater in Brooklyn produziert wurde. Sie lebt in einem alten Farmerhaus in Brewster, New York. *Ella, verzaubert* war ihr erster Roman. Er wurde mehrfach ausgezeichnet.

Gail Carson Levine: Ella, verzaubert. Aus dem Amerikanischen von Janka Panskus. C. Bertelsmann Jugendbuch 1999 / Omnibus 2002, 250 S., ab 11 J.

Alligators all around

1999
Günter Ohnemus
Der Tiger auf deiner Schulter

»Es gibt dich und Karen, und das darf niemand zerstören. Das könnt ihr beide vielleicht kaputtmachen, aber sonst hat niemand das Recht dazu.«

Welcher Teenager wünscht sich nicht so eine Mutter, die ihrem Sohn das Auto leiht und Tipps gibt für die Suche nach seiner Freundin! Damit endet der Roman.

Vincent, genannt Gogo, heißt der Sohn, der sich auch mit seinem Vater gut versteht. Die Konflikte liegen woanders: Vincent sehnt sich nach Ehrlichkeit, liebt Literatur, philosophiert gerne. Er liebt Karen, muss aber feststellen, dass diese Beziehung von den Erwachsenen torpediert wird. *Alligators all around* warnt sie ihn. Während eines High-School-Jahres in Amerika hatte er sich in Tiffany verliebt, doch deren Eltern unterbanden die Beziehung. Dieser doppelte Konflikt bildet den Kern des Romans. Niemand schildert verletzte Gerechtigkeitsliebe in der Adoleszenz besser als Ohnemus.

Gogo bleibt gefangen zwischen Tiffany und Karen, vielleicht sogar zwischen drei Frauen, denn seine Mutter versteht ihn besser als die beiden Freundinnen zusammen.

Wenn Mädchenserien nur noch anöden, wenn Jungen verletzlich werden, weil sie Mädchen verstehen möchten, dann ist es höchste Zeit für diese lakonisch-jubelnde Geschichte einer Jugendliebe, worin Ohnemus dem heimlichen Lehrmeister dieses Romans Referenz erweist, indem er einen erwachsen gewordenen Mr Holden Caulfield einen Schulbus chauffieren lässt. Ohnemus wollte ein Buch wie Salingers *Fänger im Roggen* schreiben, seitdem er 19 ist. Erst mit 52 ist es ihm gelungen.

Der Ich-Erzähler wechselt virtuos die Tonlage von bescheiden über realistisch-vernünftig bis zu überheblich-übertreibend. Trotzdem erzählt Gogo seine traurig-schöne Geschichte geradlinig und nimmt den Leser mit seiner Offenheit und seiner Sentimentalität und Sensibiltät sofort gefangen.

Es ist Frühsommer 2005, und beim Schreiben dieser Buchempfehlung wird *Going to California* von Phantom Planet langsam zum Sommerhit. Was bedeutet die Tatsache, dass junge Musiker und junge Fans Sounds mögen, die auch uns Eltern immer noch gefallen? Man möge doch bitte den Youngsters nicht nur dieses Buch, sondern auch den alten Soundtrack dazu schenken. Er könnte eine Brücke zwischen den Generationen bilden, die ewig hält: die *Trinity Session* der Cowboy Junkies oder Joni Mitchells *Hejira.*

Günter Ohnemus, geboren 1946 in Passau, kam mit 19 Jahren nach München, machte eine Buchhändlerausbildung, war in verschiedenen Buchhandlungen und Verlagen tätig, studierte Anglistik und Germanistik und lebte in Schottland und in den USA. Er übersetzte das Werk Richard Brautigans, veröffentlichte drei Erzählbände und zwei Romane (der dritte, *Als die richtige Zeit verschwand,* erscheint in diesem Herbst) und schreibt Buchbesprechungen seit 1994 in der *Zeit.* Er bekam 1998 den Alfred-Kerr-Preis für Literaturkritik und den Tukan-Preis der Stadt München für *Der Tiger auf deiner Schulter.*

Günter Ohnemus: Der Tiger auf deiner Schulter. Schöffling & Co. 1999 / S. Fischer generation 2002, 204 S., ab 13 J.

Haus und Haut, Dach und Decke

1999
Susanna Partsch
Wie die Häuser in den Himmel wuchsen.
Die Geschichte des Bauens

Wie sah die erste Schutzhütte der Menschen aus? Wieso konnten die Menschen lange Zeit Pyramiden und Türme, aber keine Hochhäuser bauen?

Dies sind nur zwei von sehr vielen spannenden Fragen, die Susanna Partsch stellt. Weder die Rahmenhandlung (ein moderner Robinson landet mit dem Fallschirm in einem einsamen Tal und wird nolens volens zum Architekten und Begleiter der Leser durch dieses Buch) noch der sachliche Erzählstil der Autorin sind es, die Kinder fesseln, sondern die immer praktisch veranlagte Neugier der Autorin und die Klarheit und Anschaulichkeit der Präsentationen.

Wie brennt man Ziegel? Was unterscheidet den Klinker vom normalen Backstein und warum heißt er so? Wie schafft man ein Klavier in ein schmales Haus? Warum ist der Turm von Pisa schief? Wie war das früher mit dem WC, mit dem Duschen und dem Baden? Was hält besser, Spann- oder Stahlbeton?

Technische Details und Funktionen der Gebäude werden in knappen Definitionen, Tabellen, historischen Abbildungen, Zeichnungen und Fotos erläutert. Das großzügige Layout, das

Zusammenspiel von Text und Bild, die Marginalspalten, die Bildlegenden und viele Querverweise treiben die Leser von einer Information zur nächsten. Am Ende wird klar – beispielsweise bei der Schilderung des *Millennium Dome* in London, auf dessen Dach ein Jumbo-Jet landen könnte –, dass die Menschen lange geübt haben, um die großen Bauvorhaben der Gegenwart zu verwirklichen.

Partsch erzählt nicht chronologisch. Ihr großzügig und abwechslungsreich illustriertes Buch wechselt schnell zwischen verschiedenen Epochen und Themen hin und her, wodurch es nie langweilig wird. Partsch fächert die Kunst des Bauens anhand der Konstruktions- und Funktionsgeschichte, anhand des Proportionsstudiums oder der Materialien auf: Holz, Leder, Lehm, Stein, Ziegel, Keramik, Marmor, Beton, Stahl, Glas ... Dächer, Treppen oder Türme, Grundrisse und Modelle, Fundamente, Wände, Stützpfeiler – wie auf der Umschlagillustration schon angedeutet, kommt eins zum anderen. Vom Keller bis zum Dach, vom einzelnen Zimmer bis zur ganzen Stadt wird der Stoff auf eine Weise gegliedert, die die Fantasie der Leser anregt. Auf dem Dachboden beispielsweise, dem Lieblingsversteck der Kinder, konzentrieren sich so viele Fachausdrücke wie in keinem anderen Raum.

Die kindliche Freude bei Jugendlichen und Erwachsenen am Formen und Gestalten kann sich hier theoretisch voll entfalten. Der nächste Aufenthalt im Sandkasten oder am Sandstrand mit Kindern wird dann jedenfalls noch kreativer sein als vor der Lektüre dieses Buches, das auf inspirierende Weise Baukultur vorführt.

Von den ersten Rundhäusern und den indianischen Tipis bis zur modernen Stadtwohnung werden die Behausungen durchleuchtet. Und auch sprachlich schaut Partsch genau hin: *Die Wörter Haus und Haut haben dieselbe Wurzel. Sie bedeuten: bedecken, umhüllen. Ebenso wie die Haut Mensch oder Tier umhüllt und ihnen Schutz bietet, tut das im weiteren Sinn auch das Haus.* Danach untersucht Partsch die Wörter Dach und Decke und kommt auf das lateinische Wort Toga, das seinerseits von tegere – bedecken – abgeleitet ist. Eine Ableitung von tegere ist tectum – das Dach, pars pro toto für das Haus.

Susanna Partsch wurde 1952 geboren, studierte Kunstgeschichte in Heidelberg und arbeitete danach vier Jahre am Wilhelm-Hack-Museum in Ludwigshafen. Heute lebt sie als freie Autorin in München. Für die Kunstgeschichte *Haus der Kunst* erhielt sie 1998 den Deutschen Jugendliteraturpreis.

Susanna Partsch: Wie die Häuser in den Himmel wuchsen. Die Geschichte des Bauens. Hanser 1999, ab 12 J.

Neue Tonlage und Kinderkrach

1999
Martin Auer
Lieblich klingt der Gartenschlauch

Hans-Joachim Gelberg, der erste Verleger Martin Auers, erinnert sich in einer Laudatio an das erste »Packerl« mit Gedichten des jungen Österreichers, das er auf Vermittlung Christine Nöstlingers bekam, und an »ein Stück Kindheitsphilosophie in völlig neuer Tonlage«. Es ist nicht auf dieser CD, aber es mag den Tiefgang andeuten, der den witzigen und gut gelaunten Songs zugrunde liegt: »Wenn statt mir jemand anderer / auf die Welt gekommen wär, / vielleicht meine Schwester / oder mein Bruder / oder irgendein fremdes, blödes Luder – / wie wär die Welt dann / ohne mich? / Und wo wäre denn dann ich? / Und würd mich irgendwer vermissen? / Es tät ja keiner von mir wissen. / Statt mir wäre hier ein ganz anderes Kind, / würde bei meinen Eltern leben / und hätte mein ganzes Spielzeug im Spind. / Ja, sie hätten ihm sogar / meinen Namen gegeben!«

Auf dieser CD wird auch hin und wieder so gegrübelt. Allerdings dominiert hier die überbordende sprachliche Fantasie Auers, die mit akustischen Einfällen kombiniert wird wie im swingenden Stück *Da ist Musik drin*. Die Reihung aller Gegenstände, die man zum Klingen bringen kann – eben bis hin zum Gartenschlauch –, und die praktische Umsetzung im

Song selbst sind unübertroffen. Vorsicht, es könnte sein, dass der Song die Kinder animiert, noch verrücktere Geräusche zu erzeugen. Wer Ruhe haben will, der sei vor Auer gewarnt, denn er impft auf vielfältige Art den Kleinen Selbstbewusstsein ein. Cooler können Kids kaum auftreten als im Song *Schaut mal her: Das was ich mach, macht mir keiner nach ...* Man staunt, was die Kleinen alles vollbringen. Ihre Taten sind ebenso wie der Safran-Rap – ja, wird das Pulver gebrannt oder destilliert? – Grundlage für angeregte Familiendiskussionen. Es ist auch Raum für Nachdenkliches und Melancholisches, nur gesprochene Texte, wie die kleine Weisheit über Kinder, die aus sieben Milliarden Jahre altem Sternenstaub gemacht sind, oder ruhigen Songs, getragen von der Stimme Christina Zurbrüggs.

Das Marketing-Märchen *Es war einmal* wird auf Anhieb besonders Erwachsene ansprechen, das *Unnütze Gedicht* könnte notwendiger kaum sein und der letzte Song ist das schönste Plädoyer für Kinderlärm. Eine Besonderheit dieser CD ist der Sound: Es ist keine typische »Kindermusik«, sondern eine frische Mischung aus Pop, (Tierstimmen-)Rock, Jazz oder Chanson. Es fehlen aber auch nicht alpenländische Klänge. Auffallend innerhalb der instrumentalen Vielfalt ist Reinhard Grubes virtuoses Saxophon und Herbert Reisingers Schlagzeug: Das haut rein. Entstanden ist eine vielfältige CD, die Kinder aktiviert und hin und wieder zu wunderbarem Kinderkrach anregt.

Unter demselben Titel ist auch ein lesenswertes Buch erschienen (93 Seiten, Ill. Jutta Bücker, Thienemann 1999), in dessen Vorwort Auer Folgendes erklärt: *Auf wie viele Arten kann man mit einem Gartenschlauch Musik machen? Man kann darauf blasen wie auf einer Trompete (wenn man Trompete blasen kann). Das gibt einen schönen tiefen Ton. Man kann ein Ende im Kreis schwingen. Das gibt verschiedene heulende Töne, je nachdem, wie schnell man den Schlauch schwingt. Man kann mit der Handfläche auf das Loch im Schlauch klopfen, das gibt einen Trommelton* (...) *Man kann mit dem Schlauch gegen das Fenster spritzen. Das klingt vielleicht, als ob es regnen würde. Wenn aber das Fenster offen war ...*

Martin Auer wurde 1951 in Wien geboren. Er war Schauspieler, Dramaturg und Musiker. Seit 1984 arbeitet er als freier Schriftsteller und weiterhin als Musiker. Auer erhielt viele Auszeichnungen und wurde 1997 für den Hans-Christian-Andersen-Preis nominiert.

Martin Auer & Klaus Trabitsch: Lieblich klingt der Gartenschlauch, Lieder und andere Späße. 1 CD, Jumbo 1999, ab 4 J.

Ein besessener Spieler

1999
Buch-Tipp von Mirjam Pressler:
Uri Orlev
Die Bleisoldaten

Das Wohn- und das Arbeitszimmer gehen im Parterre von Mirjam Presslers Haus in der Holledau nahtlos ineinander über. Nachdem Hund Whoopy und zwei Katzen unfreiwillig und nur für die Dauer des Gesprächs ins Treppenhaus verbannt wurden, zieht Mirjam Pressler mit schlafwandlerischer Sicherheit aus dem riesigen, rundumlaufenden und bis zur Decke reichenden Bücherregal *Die Bleisoldaten* von Uri Orlev heraus.

Manche der wichtigsten Bücher erscheinen nur durch Zufall in deutscher Sprache oder dank engagierter Fürsprecher. Mirjam Pressler übersetzte 1994 für Elefanten Press die kurze Autobiographie Uri Orlevs *Das Sandspiel,* ein schmales Bändchen, das auf Hebräisch nie erschienen war. Pressler war von dieser knappen Schilderung eines Kinderschicksals im Zweiten Weltkrieg, das Orlev auf Anregung des deutschen Verlages geschrieben hatte, sehr bewegt.

Im Mittelpunkt steht ein Kinderspiel zweier Brüder und die Frage: Wie viele Kinder wirst du haben? Der »Prophet« nimmt eine Hand voll Sand, wirft ihn in die Luft und fängt ihn mit dem Handrücken auf. Natürlich bleiben zu viele übrig. Der Vorgang wird wiederholt. Die verloren gegangenen Sandkörner bedeuten jene Kinder, die auf verschiedene Art gestorben waren. Nur die Brüder fallen immer wieder auf eine sichere Stelle. *Ich ging mit meinem Sohn zum Sandkasten und zeigte ihm das Spiel. Und ich erklärte ihm, dass uns die Deutschen »in die Luft geworfen« hätten. Und jedes Mal starben viele Menschen,* erinnert sich Orlev.

»Diese Geschichte war für mich der Auslöser, nach mehr zu fragen«, sagt Mirjam Pressler. Als sie erfuhr, dass *Das Sandspiel* eine Kurzfassung des in Israel bereits 1956 erschienenen Romans *Die Bleisoldaten* ist, regte sie die Übertragung des umfangreichen Debütromans Orlevs an, den er mit 25 Jahren beendet hatte. Erst 43 Jahre später konnte man *Die Bleisoldaten* auf Deutsch lesen.

»Die Geschichte ist einfach unglaublich … ja – man muss sagen – spannend.« Bevor Mirjam Pressler »spannend« ausspricht, zögert sie. Aber es stimmt – Orlev schreibt schnörkellos, packend und mit zwei herausragenden Besonderheiten über sein Leben: die ungeheure Imaginationskraft und die besondere Perspektive. »Er benutzt jedoch nicht die grauenhafte Zeit als Kulisse, um vor diesem Hintergrund etwas Erfundenes zu erzählen«, präzisiert Pressler.

Orlev setzt im Kriegsjahr 1942 ein. Der elf-jährige Jurek (Orlevs Alter ego) beobachtet nüchtern die Okkupation Warschaus durch die Nazis. Nahezu kommentarlos (nur ganz selten schaltet sich der erwachsene Erzähler ein) wird in oft dialogischen Szenen die verzweifelte Lage der jüdisch-polnischen Familie Kosobolski geschildert. Als die Mutter einmal vor dem Schlafengehen zu früh aufhört, eine Geschichte zu erzählen, fangen die beiden Söhne im Dunkeln in ihren Betten an, sich Abenteuer auszudenken.

»Jurek«, sagte Kazik schläfrig, »wenn wir Riesen werden, wie groß sind wir dann?«

»Wir können uns klein und groß machen.«

»Nehmen wir auch Tante Mania mit?«

Jurek überlegte. »Ja«, entschied er dann. »Sie ist unsere Tante. Auch Onkel Sokol und Frau Panska. Wir können sie alle in die Tasche stecken. Und dann fliehen wir aus dem Ghetto.«

Kazik war eingeschlafen. Jurek lag noch immer halb wach.

»Jurek, Jurek, Jurek …«, hörte er rufen und von Ferne erklang eine Melodie.

Er durfte nicht antworten. Die alte Frau in der Kirche hatte das gesagt. Das war der Tod, der da rief.

Jurek versteht erst mitten im Krieg, dass ihm dies geschieht, weil er Jude ist, obwohl Religion in seinem Elternhaus keine

Rolle spielte. Doch dann ist der Tod allgegenwärtig: Jureks Mutter, die im Krankenhaus erschossen wird; Tante Stella, die im Ghetto in einer Fabrik nicht für Geld, sondern nur für das Recht zu leben arbeitet; Onkel Edek, der mit einer Ampulle Zyankali in der Tasche in den Viehwaggon Richtung Treblinka steigt … Orlev zeigt seinen Alltag des Überlebens – die unfassbaren Katastrophen, aber auch die kleinen Glücksfälle mitten in den lebensbedrohlichen Vorkommnissen im Ghetto oder im Konzentrationslager Bergen-Belsen: die Angst vor Verfolgung; die Willkür und die immer neuen Regelungen der Nazis; die Unsicherheit, was als Nächstes zu tun ist; die ersten Berichte über die Vernichtung aller jüdischen Polen; das Ausweichen in immer neue Verstecke.

»Uri Orlev gelingt es, das Thema von einem ganz anderen Gesichtspunkt aus zu schildern, als man erwartet. Er wirft einen außergewöhnlichen Blick auf die Zeit«, sagt Mirjam Pressler. Die Erzählperspektive ist ein herausragendes Merkmal dieses Romans und des gesamten schriftstellerischen Oeuvres Orlevs. »Das Kind war ja alt genug. Orlev hat damals alles bewusst erlebt und er blendet als junger Mann beim Erzählen nichts wirklich aus. Er berichtet von den Schrecken, aber er berichtet so wie ein Kind und ohne zu dramatisieren«, sagt Pressler. Orlev erklärte bei einer der vielen Lesungen vor deutschen Schulklassen seiner Übersetzerin, dass er verrückt werden würde, wenn er sein Leben von heute aus, mit dem ganzen Wissen, was wirklich passiert ist, betrachten würde. »Das ist keine Einschränkung, das ist ein besonderes Talent«, betont Pressler. Die Entstehungsbedingungen von Orlevs Prosa sind besondere, denn Orlev muss nicht mühevoll durch eine herbeifantasierte Kinderbrille blicken, um Jugendliche mit seinen Texten zu erreichen. Bei ihm ist die Kinderperspektive eine Notwendigkeit. *Es ist mir nicht möglich, als Erwachsener zu sprechen oder an Dinge zu denken, die mir passiert sind. Ich muss mich an sie erinnern, als wäre ich noch immer ein Kind* schreibt Orlev in *Das Sandspiel.*

Orlevs ungeheure Imaginationskraft betrifft also nicht die aus der Rückschau geschilderten Ereignisse, sondern meint seine damalige kindliche Fantasie: Orlev sah die schrecklichen Ereignisse als Abenteuer. *Endlich passiert mir auch etwas Richtiges,* dachte der Junge, der schon so viele spannende Bücher gelesen hatte. Deshalb spielte er alles mit seinem Bruder nach. Erst mit Bleisoldaten, danach mit einfachsten Gegenständen, die große Namen trugen: Robin Hood, Prinz Eisenherz, Kapitän Nemo, Sherlock Holmes. Jurek und Kazik wissen, dass Krieg ist, und reproduzieren ihn, ohne wirklich zu verstehen, in welcher Tragödie sie in der Realität mitspielen müssen. »Diese Spiele haben sie bis zur Besessenheit gespielt. Die Außenwelt war Spielanreiz. Das Besondere ist, dass man alles aus Kindersicht erfährt, und zwar aus der Sicht eines besessenen Kindes, eines besessenen Spielers. Man spürt das Leid, aber es kommt als Abenteuer daher«, sagt Pressler. Orlev schildert zwei Parallelwelten, wobei die kindliche Fantasie die Schrecken der Realität erträglich macht.

Die Bleisoldaten ist ein schmuckloses, aber unvergessliches Dokument der Tragödie. Die literarische Form ist offen und erinnert an Tagebuchaufzeichnungen. Lakonisch erzählte Erinnerungsfetzen spiegeln den qualvollen Erinnerungsprozess wider. Und doch schreibt Orlev auch kunstvoll, denn er verbindet auf beeindruckende Weise die Spielszenen mit der Realität. Die Brüder spielen mit Bleisoldaten, aber leben unter

Menschen – aus Blei: mitleidlose, empfindungslose, feindliche Menschen. Nur zögernd blättert man um, weil man nicht lesen will, was man befürchtet. Aber man liest weiter und hört nicht auf, weil man die ganze Wahrheit erfahren will.

»Die Jugendlichen heute erleben selten etwas Authentisches. Aber sie kennen auch die geheimen Sehnsüchte nach Abenteuern. Das ist auch ein Grund, warum sie diesen Roman gerne lesen«, sagt Mirjam Pressler. *Die Bleisoldaten* ist ein ungeschliffener und mitreißender autobiographischer Roman, in dem trotz der Nähe zum furchtbaren Geschehen der Alltag zum Abenteuer wird, ohne dass das Leid und der Schrecken hinter dem Spielerischen verschwinden. Ein Buch mit Leerstellen, die Erwachsene füllen und mit dieser Leseempfehlung verhindern können, dass aus der schuldlosen deutschen Jugend eine ahnungslose wird. *Die Bleisoldaten* ist ein bewegendes Zeitdokument, das im Bewusstsein der Leser bleiben muss.

Uri Orlev wurde 1931 in Warschau als Jerzy-Henryk Orlowski geboren. Seit 1945 lebt er in Israel, heute in Jerusalem. Er ist einer der renommiertesten israelischen Kinderbuchautoren. Ein israelischer Verleger überredete ihn in den 50er Jahren, einen hebräisch klingenden Namen anzunehmen. Orlev wollte später wieder seinen europäischen Namen tragen, aber seine Kinder lehnten das ab. 1996 wurde er für sein Gesamtwerk mit dem Hans-Christian-Andersen-Preis ausgezeichnet. Orlev ist Vater von drei Kindern und mehrfacher Großvater. Als 1986 *Die Insel in der Vogelstraße* bei Elefanten Press erschien, war Orlevs Buch das damals einzige auf dem deutschen Markt, mit dem sich ein Israeli an Jugendliche wandte und eigene Erfahrungen im Ghetto und im Konzentrationslager schilderte.

Uri Orlev: Die Bleisoldaten. Aus dem Hebräischen von Mirjam Pressler. Beltz & Gelberg 1999. 335 S., ab 12 J.
Uri Orlev: Das Sandspiel. Aus dem Hebräischen von Mirjam Pressler. Elefanten Press 1994. Beltz & Gelberg 1997. 86 S., ab 12 J. (vergriffen)

Den engen Horizont sprengen

2000
Edwin A. Abbott
Flächenland – Ein mehrdimensionaler Roman

Es war der letzte Tag des Jahres 1999 … Ich saß neben meiner Frau und dachte über die Ereignisse des vergangenen Jahres nach und über die Aussichten des kommenden, über das kommende Jahrhundert und über das kommende Jahrtausend … Nur wenig Sand war noch in dem Halbstundenglas übrig. Ich erhob mich aus meinen Gedanken und drehte die Sanduhr zum letzten Mal im alten Jahrtausend nach Norden …

Edwin A. Abbotts Quadrat hat sich in der Silvesternacht auf den Weg durch fremde Welten gemacht. Im allgemeinen Millenniumsfieber sind sein Traum vom Linienland und seine Reise durch das Punkt- und durch das Raumland unbemerkt geblieben. Abbotts *Flatland. A Romance of Many Dimensions* erschien erstmals in England im Jahr 1884. Doch das ist nicht der Hauptgrund für die überraschende Ausdrucksweise des Ich-Erzählers, eines alten Quadrates, das die nur einmal alle tausend Jahre wiederkehrende Chance erhält, eine neue Dimension kennen zu lernen. Seine Welt, die nur Länge und Breite, also nur die ersten beiden, jedoch nicht die Höhe, die dritte Dimension, kennt, ist der Grund dafür, dass das Stundenglas nicht auf den Kopf gestellt werden kann. Sein Land ist flach wie ein Blatt Papier. Darauf leben Linien, Kreise, Dreiecke und viele andere zweidimensionale Figuren wie Schatten, unfähig aufzusteigen oder abzutauchen. Doch sie ahnen nichts von diesem Mangel und können sich weder Höhe noch Tiefe vorstellen.

Im ersten Teil des Buches wird bis in erstaunliche Einzelheiten das Leben in der zweidimensionalen Welt geschildert. Schritt für Schritt verlässt der Leser seine gewohnte Denkweise und versetzt sich in den Alltag im Flächenland. Das alte Quadrat, *ein Mathematiker von nicht unbedeutendem Ruf,* besucht danach auch das Linienland. Mit großer Überheblichkeit versucht es, den Punkten die Breite zu erklären. Aber wie mühevoll gelingt es ihm nur wenig später, die Höhe zu verstehen!

Der Leser wird im Lauf dieser Reisen hin- und hergerissen, von der zweiten zur ersten und schließlich in die dritte Dimension. Mit jeder Seite wird seine Vorstellungskraft auf die Probe gestellt. Mit jeder Reise erfährt er, wie selbstzufrieden, beschränkt und borniert die Bewohner dieser Länder sind und wie schwer es ist, ihnen die Augen für das Nächstliegende zu öffnen. »*Flächenland* stellt die Relativität der Wirklichkeit schlechthin dar«, schrieb Paul Watzlawick und ließ sich in *Wie wirklich ist die Wirklichkeit?* durch Abbotts Roman zu einem leidenschaftlichen Plädoyer für das Akzeptieren von relativen Wahrheiten und für Fantasie und Toleranz anregen.

Die Zeit hat Abbotts Vision eingeholt. Doch die ausufernde Fantasie des damaligen Direktors der *City of London School* hat nichts von ihrer Aktualität verloren. Abbott würde zufrieden schmunzeln, sähe er, wie sein Buch eingefahrene Denkweisen nach wie vor zu hinterfragen vermag und wie kläglich unsere zaghaften Versuche ausfallen, die Zeit als vierte Dimension zu definieren. Es ist keine Übertreibung, wenn man heute Abbotts detaillierte Schilderungen der Bewusstseinslage seiner anthropomorphisierten geometrischen Figuren und deren zahlreiche Versuche, den eigenen engen Horizont zu sprengen, als eine brillante Vorwegnahme aller Bemühungen der Wissenschaftler des 20. und 21. Jahrhunderts liest, die vierte Dimension in der Folge der Relativitätstheorie zu erklären. Ratlos sagt das Quadrat zur Kugel: *»Ich muss gestehen, dass ich den gnädigen Herrn (die Kugel) durchaus nicht begreife. Wenn wir in Flächenland eine Linie sehen, so sehen wir Länge und Helligkeit … Soll ich nun annehmen, dass der Herr der Helligkeit die Qualität einer Dimension beizulegen wünscht und dass wir ›hell‹ nennen, was bei Euch ›hoch‹ heißt?«*

Welche Qualen das Quadrat erleidet, um den perfekten Kreis, also die Kugel in ihrer wirklichen Gestalt zu erleben, könnte allen Raumland-Bewohnern nicht plastischer geschildert werden als in dieser ungewöhnlichen Begegnung. Höhepunkt der Reise ist der unstillbare Wissensdurst, die gefährliche Neugier des Quadrates, beim Versuch, sich nach dieser Entdeckung in analoger Weise auf die Suche nach der vierten Dimension zu machen. Ist es ein Gedankenland? Das kategorische Nein der Kugel, das dem Quadrat nach all seinen Erfahrungen so vertraut ist, folgt auf dem Fuß. *»O nein. Ein solches Land gibt es nicht. Die Vorstellung davon allein ist – unvorstellbar … Niemand hat je die Theorie einer vierten Dimension vertreten oder vorgeschlagen. Lass uns also mit diesen Bagatellen aufhören.«*

Beim Versuch, im Jahr 2000 – nach der Rückkehr ins Flächenland – seinen Mitmenschen die dritte Dimension zu erklären, scheitert das Quadrat. Mit seinem Traktat über die dritte Dimension handelt es sich nur Scherereien und am

Ende lebenslange Haft ein. Verglichen mit dem Referat eines *ungeheuer dummen Individuums, in welchem die genauen Gründe aufgeführt wurden, warum die Vorsehung die Anzahl der Dimensionen auf zwei beschränkt hat,* bleibt die Schrift des Quadrates folgenlos. In seiner Zelle versucht es trotzdem die Mitgefangenen aufzuklären. Doch es hat nicht die geringste Wirkung und keinen Einfluss, und nach sieben Jahren im Gefängnis beginnt es schließlich selbst, an seiner Erfahrung und Entdeckung zu zweifeln.

Es geht eine eigentümliche Faszination von diesem kleinen Millennium-Roman aus, der seit Erscheinen in viele Sprachen übersetzt wurde und immer wieder neue Leser findet. Bis es der Wissenschaft gelingt, die Scheuklappen abzuwerfen und (dank der Einsicht, dass ein sich schneller als mit Lichtgeschwindigkeit bewegender Körper zeitlich rückläufig ist) sowohl die Richtung als auch den Raum, die von der Zeit gebildet werden, als vierte Dimension zu erklären, ist die Lektüre von *Flächenland* mehr als ein guter *Zeit*vertreib.

Edwin A. Abbott lebte von 1838 bis 1926 in England. Er war weder Mathematiker noch Physiker von Beruf, sondern Altphilologe und Lehrer. Er veröffentlichte *Flatland* unter dem Pseudonym A. Square.

Edwin A. Abbott: Flächenland. Ein mehrdimensionaler Roman. Deutsch von Joachim Kalka. Renate Götz Verlag 2000, 96 S., ab 10 J.
Flächenland. Herausgegeben und übersetzt von Peter Buck. reprinta historica didactica, Bd. 5. Verlag Franzbecker 1990, 160 S., zum Vorlesen und für Erwachsene.

Let me go crazy on you

2000
Richard Van Camp
Die ohne Segen sind

© 2000 Ravensburger Buchverlag für die deutsche Textfassung: *»Uahh!«, »Oooooooooh«, »Yeah«, »Wow!!«, »One night«, »Oh, Johnny, Johnny, come on, come on!«, »Maaaann«, »Humph«, »Hmmm«, »Fuck you!«, »Shitshitshitshit«, »Jeeeesus«, »Take it easy«, »Come on, Baby«, »Go ahead«, »Hej, goofs«, »Whoah«, »Whoo hoo hoo!«, »Mhhh!«, »Let's go!«, »See you«, »Bye«, »G'night, Gentlemen.«*

Der 1971 geborene Richard Van Camp – wie sein 17-jähriger Ich-Erzähler ein kanadischer Indianer vom Stamm der Dogrib – hat 1999 einen hochgelobten, 158 Seiten schmalen Debütroman geschrieben. Übersetzt wurde das mit dem Air Canada Award der Canadian Author Association preisgekrönte Buch von Ulrich Plenzdorf, dem 1934 in Berlin geborenen Drehbuchautor und Schriftsteller. Unvergessen ist Plenzdorfs größter Erfolg *Die neuen Leiden des jungen W.:* Plenzdorfs Fähigkeit, sich in die Welt der Jugendlichen einzufühlen, kommt dem mit dem Deutschen Jugendliteraturpreis in der Sparte Jugendbuch ausgezeichneten Roman zugute. Die Jury schrieb: »*Die ohne Segen sind* ist das furiose Debüt eines jungen Autors, dessen tabuloser Umgang mit Gewalt und Sexualität einen neuen Ton in die Jugendliteratur bringt. Ulrich Plenzdorf hat den Roman kongenial ins Deutsche übersetzt.«

Diese Übersetzung setzt Maßstäbe im Umgang mit der englischen Sprache. »Ich wollte mich als Übersetzender ausprobieren und suchte einen Text, der mir entgegenkommt. Ich fand ihn mit Glück in *The Lesser Blessed.* Ein Roman, bei dem mich von jeder Seite mein alter Freund Holden Caulfield aus New York ansah«, schreibt Plenzdorf über Van Camps Buch. Spätestens nach der Auszeichnung dieses Textes mit dem wichtigsten deutschen Jugendliteraturpreis ist das Verhältnis der englischen zur deutschen Prosa ein neues, denn die Jury erhob Plenzdorfs Arbeit durch die Würdigung in den Rang herausragender Texte mit Vorbildfunktion. Das bedeutet für Übersetzer und alle Leser, die es mit ähnlicher Prosa wie der von Van Camp zu tun haben (und die hat in Zeiten angloamerikanischer Dominanz auf dem deutschen Buchmarkt Hochkonjunktur), eine Neuorientierung und Annäherung an eine ungewöhnliche Sprachmischung, die dem Original ähnlicher ist, als es bislang üblich war. Nach Plenzdorfs Arbeit könnten jedenfalls die Werke der Beatniks allesamt neu übersetzt werden.

Wichtigstes Merkmal von Plenzdorfs Übertragung ist (paradoxerweise) die Häufigkeit der Beibehaltung englischer Interjektionen und Ausdrücke und kurzer englischer Sätze, wie schon die einleitenden Zitate zeigen. Selbstverständlich handelt es sich um Wörter und Redewendungen, die bei den deutschen Lesern als bekannt vorausgesetzt und zum Teil auch von deutschen Autoren schon seit Jahrzehnten verwendet werden: *Mom, Daddy, T-Shirt, okay* usw. fallen in deutscher

Prosa längst nicht mehr auf. Dem Original entsprechend setzt Plenzdorf übrigens das ungewöhnlichere und kolloquialere *'kay* ein. Die Erinnerungen des Ich-Erzählers werden durch verschwenderischen Einsatz des Apostrophs beschleunigt und die Authentizität der Erzählung durch O-Ton-Wendungen und –Wörter erhöht. *Firefighter, Bushcook, Pusher, Drummer, Scrapper* (Kämpfer, von *scrape*), *Bucks, Bubblegum, Fatty* (statt *Joint*), *Floater, Trippercity, Muscleshirt, Chicks, Chief* (und im eindeutschenden Diminutiv: *Chiefchen*), *Caps, Cops* zuzüglich der kaum noch gewöhnungsbedürftigen *Ranger, Rowdy, Scout, Stuntman, Clinch, Couch, Gang, Toast, Fight, Party, Baby, Beat, Story, Aftershave, Jeans, Joint, No Prob; second-hand, live, big, stoned, crazy, clever; kill, enter, relax …*

Verstärkt wird der Originalklang durch Song-, Film- und Buchtitel oder unübersetzbare Wortspiele wie *True If Destroyed* (mit entsprechenden Abkürzungen); *Goodby Tension, hello Pension; The Lonliness of the Long Distance Runner; Get it on, bang an gong; Hickey Juice; Highway to Hell; Crimson and clover …* usw.) Hinzu kommen die Namen der Bands (*AC/DC, CCR, Iron Maiden, Guns 'n Roses, Van Halen* usw.), der Indianerstämme (*Chippeway, Cree, Dogrib* usw.), Begriffe und Satzfetzen aus verschiedenen indigenen Sprachfamilien Kanadas (*Neghadegondee, Mashi, A me nay* usw.), Ortsnamen (*Yelloknife, Pinebough, Hay River, Spruce Manor* usw.) und selbstverständlich die Eigennamen (*Larry, Jazz, Darcy, Johnny, Juliet Hope* usw.). Kaum ein Absatz, in dem nicht englisch gesprochen wird: *Soul Train, Friendship-Center, Sex-Education,* und vor allem das refrainartige *doggy-style,* das glücklicherweise den Versuch der Bildung eines Adjektivs zur im Deutschen plump klingenden »Hundestellung« verhindert. (Plenzdorf hat so viel Spaß an *doggy-style,* dass er den Begriff am Ende des Kapitels *Vorsichtig wie Pferde* einsetzt, obwohl Van Camp in dieser Passage nichts Hündisches erwähnt.) Eine vollständige Liste würde den Rahmen sprengen und, aus dem Kontext gerissen, langweilen; ganz zu schweigen von einer Aneinanderreihung der Anglizismen, die man als solche gar nicht mehr wahrnimmt. (Wer denkt denn heute noch bei »jemanden feuern« an einen Anglizismus: *to fire.*)

Bemerkenswert sind Plenzdorfs Bemühungen um sprachlichen Crossover: Er sampelt und mixt und erzielt eingedeutschte, noch wenig gebräuchliche Verben: *Ich jumpte über den Zaun …; Alle fingen an abzuhotten; »Mach dir nichts vor«, jokte ich; Manche schmeißen einfach Steine in irgendwelche Fenster, damit man sie catcht.* Denkbar ist es, dass in einigen Jahren Leser dieser verbalen Fusionen genauso ahnungslos sind, was den englischen Ursprung betrifft, wie heute schon beim obigen Beispiel »feuern«. Plenzdorfs Sprachakrobatik mit englischen Vokabeln bedeutet jedoch nicht, dass er auf den Einsatz unverfälschter deutscher Jugendsprache verzichten würde. Hier ein »Best of«: Affenpisse, Arschloch, Affenarsch, Flachzange, Kackspecht, Mistsau, Schaukelschwanz, Schwanzlutscher, Schleimscheißer, Schnellficker, abgewrackte Ballettratte, arrogante Schakalvisage, Mannomann.

Die einfachste und nicht minder wirksame Art, den impulsiven Charakter der englischen Erzähltechnik Van Camps ins Deutsche zu retten, besteht darin, im Original deutlich ausgesprochene Sätze der bekifften Protagonisten (*Goooo cliiiimb the telephoooone poooole outsiiiide!*), im Deutschen so exakt wie möglich nachzuvollziehen: *Looooos! Kletter den Tee-eeeelefoooooonmaaaaaast draußen hooooch!* (Die Vokalwiederholungen sind hier sowohl für das englische als auch für das deutsche Zitat sorgsam abgezählt; das gilt zum Beispiel auch bei »Maaaann.«)

»Kongenial« nennt die Jury Plenzdorfs Übersetzung. Das trifft für jene Passagen nicht zu, in denen die deutsche Fassung das Original übertrifft. Plenzdorf ist einfach nur genial (ohne »kon-«, oder zumindest frech und witzig), wo die Vorlage durchschnittlich ist, wenn er schreibt: *Dann rannten wir los, in unseren Socken. Das Pflaster war eisig … Wir hätten die Schuhe gut anziehen können, aber auf Socken durch die Straßen von Fort Simmer zu laufen war einfach cooler und kälter auch.* Da muss sich Van Camp bescheiden: *We ran down the paved roads in our socks. The ground was cold … We could have stopped to put them on, but it just seemed hilarious running down the back roads of town.* Das schwache *hilarious* gegen das starke *cooler und kälter auch* zeigt, dass hier ein Übersetzer arbeitet, der zugleich Autor ist.

Bei so viel anglophiler Virtuosität versagt jedoch Plenzdorf angesichts des Französischen: Im Original heißt die Französischlehrerein korrekt mit Accent aigu *Mademoiselle Sauvé,* und in Kanada weiß jedes Kind, wie man *être* und *vous êtes* buchstabiert. Vielleicht hat der plötzliche Einbruch einer dritten Sprache den deutschen Setzer so verwirrt, dass die Mademoiselle im Deutschen einen hier deplatzierten Accent grave erhält (*Sauvè*) und der Accent circonflexe einfach entfällt (*etre, etes*).

Zurück zur dominierenden Quellsprache: Allein schon wegen der Häufigkeit des Gebrauchs verdient das Wörtchen *shit* eine gesonderte Betrachtung. Dessen Einsatz in vermutlich dreistelliger Höhe in diesem dünnen Buch (inklusive der deutschen Varianten) lenkt die Aufmerksamkeit wieder auf Van Camps Wortwahl, denn Plenzdorf – so müsste man meinen – hat es gut: er kann zwischen *Shit* und *Scheiße* (auch als Kompositum) hin und her wechseln. Doch der vermeintliche Vorteil der Übersetzung erweist sich als Notlösung, da Van Camp auf das Zauberwort *fuck* zurückgreift. Wie der folgende Dialog zeigt, hat Plenzdorf Hemmungen, so frei wie Van Camp mit dem inflationär verwendeten *fuck* umzugehen, (obwohl er es an anderer Stelle durchaus unverändert übernimmt): *»Scheiße«, sagte er, »Juliet kriegt ein Kind. Sie hat mich angerufen und geheult. Sie ist scheißschwanger« »Unmöglich.« »Yeah.« »Meinst du das scheißernst?« »Seh ich nicht scheißernst aus?!« Er starrte mich an. Ich sah, er war in Panik. »Shit, Mann. Die ganze Stadt weiß es.« »Wieso denn?« »Die Krankenschwestern, die Docs, jeder Scheißer in der ganzen beschissenen Stadt.« »Oh Mann. Oh Shit«, sagte ich.*

Wo Plenzdorf zwischen dem deutschen und dem englischen Begriff alterniert (und dabei manchmal dem Englischen noch den letzten Schliff gibt, indem er aus den *doctors* in der deutschen Fassung das eingängigere »Docs« macht), sorgt Van Camp mit *fuck* für Abwechslung: *»Ahh, shit«, he said. »Juliet's gonna have a kid.« »What!?« »She called me up crying. She's fuckin' preggo.« »No way!« »Yeah.« »Are you fuckin' serious?« »Do I look fuckin' serious?« He glared, and I realized he was scared. »Shit, man, the whole town knows.« »How?« »Nurses, doctors, fuckin' everyone in this fuckin' town!« »Oh man, oh shit,« I said.*

Shit steht auch auf der Liste der Wörter, die Johnnys kleiner

Bruder (er eröffnet den folgenden Dialog) nicht mehr in den Mund nehmen soll: *»Was hab ich denn gesagt?« Johnny sagte: »Du hast gesagt: Was heißt der Shit. Und Shit steht auf der Liste. Macht fünfundzwanzig Cent.« »Shit! Kann ich später zahlen, wenn Mutter mir Taschengeld gibt?« »Nix ist«, sagte Johnny, »du bezahlst jetzt, und zwar insgesamt fünfzig, Mister Shit.«* Van Camp und Plenzdorf müssten ein Vermögen bezahlen, gälte Johnnys Liste auch für ihre Texte.

Weil sich Plenzdorf ja mit dieser Prosa »als Übersetzender ausprobieren« wollte, sind einige Schwächen verzeihlich, die in späteren Auflagen behoben wurden. Leider kommt es vor, dass Übersetzer die erfolgreiche Arbeit eines prominenten Kollegen Wort für Wort durchlesen, um öffentlich Abweichungen vom Original anzuprangern und damit eigene Kompetenz zu beweisen. Dies geschah auch bei Plenzdorf. Natürlich ist diese Übersetzung nicht vollkommen. Wesentlich ist es, bei literarischen Texten zugunsten einer stilistischen Entsprechung in der Zielsprache gelegentlich auf interlineare Übersetzungstreue zu verzichten. Um hier aber über den im Schatten der Übersetzungsthematik gebliebenen Inhalt dieses zugleich witzigen, tragischen und poetischen Romans keine Missverständnisse aufkommen zu lassen, sei erwähnt, dass er manchmal trotz und manchmal wegen all der sprachlichen Besonderheiten – wie soll man sagen? – verdammt gut, ja, fuckin' good ist. Wie heißt es doch bei Plenzdorf? *»Hej«, sagte die wildfremde Frau, »bist du nicht Vernas Boy?« »Yes Ma'am.« »Let me go crazy on youuuuuu …«*

Richard Van Camp wurde 1971 geboren. Er lebt hoch im Nordwesten Kanadas. Er fühlt sich den Menschen hier eng verbunden. Er sagt, sie sind wie er: romantisch, rau und sie führen ein rasantes, intensives Leben.

Richard Van Camp: Die ohne Segen sind. Aus dem Englischen von Ulrich Plenzdorf. Ravensburger 2000, 158 S., ab 13 J.

Wettbewerb in Grausamkeit

2000
Stéphane Bruchfeld / Paul A. Levine
Erzählt es euren Kindern. Der Holocaust in Europa

In Schweden ist dieses Buch das auflagenstärkste der letzten zehn Jahre. Verfasst haben es der schwedische Historiker Bruchfeld und sein seit langem in Stockholm lebender amerikanischer Kollege Levine im Auftrag der schwedischen Regierung. Das Buch wurde schwedischen Erziehern umsonst angeboten, um ihnen die Möglichkeit zu geben, mit den Kindern über die schlimmsten Verbrechen aller Zeiten zu sprechen. Zudem wurde es in Schweden in sieben Sprachen übersetzt, damit dort lebende Ausländer es auch lesen können. Das Buch ist auch in England, Frankreich, Italien und in Russland erschienen. 2001 wurde es für den Deutschen Jugendliteraturpreis nominiert. »Man bekommt nicht gesagt, dass es falsch ist, sondern man merkt es selbst«, meinte ein Schüler, der in der Jury saß.

Jeder sei müde von der Opferzahl sechs Millionen, sagen die beiden Historiker und konzentrieren sich daher auf Individualschicksale: Juden, Sinti und Roma, Behinderte, osteuropäische Bürger, sowjetische Kriegsgefangene, Homosexuelle, Zeugen Jehovas. Die Autoren sind realistisch: *Dokumente und Bilder können nur zeigen, was war und wie es erlebt wurde. Er-*

klären können sie nichts. (...) *Aber nur wer weiß, was möglich ist, wird daran arbeiten, dass es sich nicht wiederholt.*

Die Lektüre dieses Buches in Schulen wurde unzählige Male erfolgreich durchgeführt.

Eine Besonderheit des Buches: Es konzentriert sich fast ausschließlich auf den Holocaust und berichtet genau und eindrücklich sowohl über die Massentötungen durch die Nationalsozialisten als auch über Einzelschicksale, wobei Kinderschicksale oft im Mittelpunkt stehen. Die genannten Tatsachen sprechen für sich. Die Autoren erklären manche Hintergründe, aber werten und kommentieren fast nie. Der Bericht wird unterbrochen von Grafiken und Zeittafeln, von Fotos und Gedichten, von Tagebuchaufzeichnungen und Erinnerungen von Opfern, aber auch von Äußerungen der Täter. Rassenwahn, Antisemitismus und systematischer, industrialisierter Massenmord sind hier keine starren Begriffe, sondern münden in Geschichten. Das Buch ist dadurch mehr als eine schonungslose Dokumentation des Völkermords der Nazis.

Keinem anderen der hier vorgestellten Bücher wünsche ich so viele Leser wie diesem. Kinder sollten damit aber nicht allein gelassen werden. Diese Dokumentation dient als Ausgangspunkt für Gespräche. In ihrer Knappheit ist sie unübertroffen und schreckt immer wieder auf, durch Zitate, die nicht in Vergessenheit geraten dürfen: *Diese Verbrechen haben wegen der schockierenden Anzahl ihrer Opfer kein Gegenstück. Was sie noch schockierender und unvergleichlicher macht, ist die große Zahl von Menschen, die sich zusammentaten, um sie zu begehen, sie entwickelten einen Wettbewerb in Grausamkeit und Verbrechen.* Robert H. Jackson, amerikanischer Hauptankläger beim Nürnberger Kriegsverbrecherprozess.

Stéphane Bruchfeld wurde 1955 in Stockholm geboren, wo er heute als Historiker im Programm für Holocaust und Genozid-Studien der Universität Uppsala forscht und lehrt.

Paul A. Levine wurde 1956 in New York geboren, lebt seit langem in Schweden und arbeitet als Assistenzprofessor am selben Institut wie Bruchfeld. Er veröffentlichte u.a. das Buch *From Indifference to Activism: Swedish Diplomacy and the Holocaust, 1938–1944.*

Stéphane Bruchfeld / Paul A. Levine: Erzählt es euren Kindern. Der Holocaust in Europa. Übersetzung und Bearbeitung der deutschen Ausgabe von Robert Bohn und Uwe Danker, cbt 2000, 160 S., ab 12 J.

Bruch mit der Erzähltradition

2000
Scott O'Dell
Insel der blauen Delfine

Diese Produktion ist das aufwändigste aller hier vorgestellten Hörbücher. Die sehr vielen, zum Teil mit nur ganz kurzen Einsätzen vertretenen Schauspieler, die unaufdringliche, aber einfallsreiche Musik des amerikanischen Komponisten James Reynolds oder der oft sehr schnelle Wechsel zwischen den sich erinnernden Erzählungen des Indianermädchens Won-a-pa-lei und der direkten Aktion mit entsprechenden Gesprächen und Geräuschen bilden ein unvergessliches akustisches Erlebnis. Dem Regisseur Uwe Schareck gelingt es, die besondere Stimmung der literarischen Vorlage im Hörspiel noch zu verstärken: Einsamkeit, Trauer, Neugier, Mut und Tapferkeit Won-a-pa-leis werden unmittelbar wiedergegeben. Die Geschichte des Mädchens, das 18 Jahre allein auf einer Insel verbringt, ist in dieser Form an Dramatik kaum zu überbieten. Abweichungen vom Original und Kürzungen sind bedauerlich, aber ein Anlass, nach dem Hörspiel noch das Buch zu lesen, falls dies nicht längst geschehen ist, denn O'Dells erstmals 1960 veröffentlichte Geschichte war auf Anhieb ein großer internationaler Erfolg und gilt seither als Klassiker der modernen Kinderliteratur.

Sowohl Pater Gonzales, der das Mädchen findet und betreut, und Won-a-pa-lei selbst treten als Ich-Erzähler auf. Das verstärkt die Authentizität suggerierende, von Joseph Conrad inspirierte Erzähl-Atmosphäre und verweist auf die historische Grundlage dieser Geschichte. Der Überlebenswille des Mädchens, sein Umgang mit den Tieren, sein Misstrauen gegenüber Fremden, gepaart mit der Bereitschaft zur Freundschaft, sind 1960 in verschiedener Hinsicht Neuerungen, die bis heute überzeugen und begeistern. Nicht ein Junge, sondern ein Mädchen – das von Gonzales so genannte »Robinson-Crusoe-Mädchen« – ist die Hauptfigur. Vor O'Dell waren Helden von Robinsonaden immer männlich. Zudem steht erstmals ein Ureinwohner, nicht ein Weißer im Mittelpunkt des Geschehens. Der Autor schildert Won-a-pa-lei als intelligentes, ausdauerndes und kräftiges Mädchen, das damit jedem europäischen Romanhelden ebenbürtig ist. Um zu überleben, muss es sogar die Gesetze ihres Stammes missachten, muss als Frau Waffen schnitzen und jagen.

Der Historiker Scott O'Dell fand bei seinen Quellenstudien einen Bericht, in dem von einer Indianerfrau berichtet wurde, die 1853 auf der unbewohnten Insel San Nicolas vor der kalifornischen Küste gefunden wurde. Man brachte sie in die Missionsstation Santa Barbara, wo ihre Erlebnisse so gut es ging festgehalten wurden. Die Verständigung war schwierig. Sie sprach eine Indianersprache, die niemand mehr verstand, da sie die letzte Vertreterin ihres Stammes und damit auch ihrer Sprache war. Nach einigen Jahren starb die Frau auf der Missionsstation. Sie wurde als »Die Verschollene von San Nicolas« bekannt. Scott O'Dell hat auf der Grundlage der überlieferten Erlebnisse dieser Frau diese vielfach preisgekrönte Geschichte geschrieben.

Scott O'Dell wurde 1898 in Los Angeles geboren, studierte Psychologie, Philosophie, Geschichte und Englisch, arbeitete als Kameramann in Hollywood und bediente 1925 bei den Filmaufnahmen zu *Ben Hur* in Rom die erste Technicolor-Kamera. Nach dem Zweiten Weltkrieg gab er von 1947 bis 1955 die Zeitung *Los Angeles Daily News* heraus. Scott O'Dell schrieb noch eine Fortsetzung der *Insel der blauen Delfine* und zahlreiche weitere Romane und Erzählungen, die den Erfolg nicht wiederholen konnten.

Scott O'Dell: Insel der blauen Delfine. Aus dem Amerikanischen von Roswitha Plancherel-Walter. Gesprochen von Gunda Aurich, Matthias Haase u.v.a. 1 CD, Patmos 2000, ab 8 J.

Kriterien für gute Bücher

2000:
Buch-Tipp von Amelie Fried:
Louis Sachar
Löcher

Als Literaturliebhaberin und Autorin, als Gewinnerin des Jugendliteraturpreises und als Mutter zweier Kinder ist Amelie Fried für eine Empfehlung in *Lies doch mal!* prädestiniert. Als ich ihr im Frühjahr 2005 meine Bitte mailte, mir etwas über ihr Herzensbuch zu erzählen, antwortete sie prompt und nannte Louis Sachars *Löcher.*

Amelie Fried wohnt in einem kleinen Bauerndorf im Umland von München. Trotz exakter Wegbeschreibung verfahre ich mich, denn die vielen einander ähnlichen Weiler sind eingebettet in eine scheinbar endlose, idyllische Hügellandschaft, die keine Orientierungshilfen bietet und mich bestens auf Sachars Wüstenhügel einstimmt.

Louis Sachar brauchte eineinhalb Jahre, um *Löcher* zu schreiben. Niemand wusste etwas darüber, nicht einmal seine Frau und seine Tochter. Sachar glaubt, dass das Schweigen beim Schreiben – wie bei allem, wozu man Selbstmotivation braucht – dem Autor bei der Arbeit hilft. Je mehr man über etwas rede, desto weniger nehme man in Angriff. Wenn es also darum geht, eigene Fähigkeiten zu forcieren, spricht Sachar wenig. Bridge und Tennis sind seine wichtigsten und liebsten

Hobbys. Über Bridge, das bekannteste Kartenspiel im englischsprachigen Raum, sagt man, es sei Schach mit Karten, nur komplizierter, oder: *Bridge is silence and pleasure* - Stille und Vergnügen. Schweigend kann man sich besser konzentrieren und das Spiel zu viert genießen, bei dem man versucht, eine lautlose und unsichtbare Brücke zu seinem Partner zu bauen. Sachar sagt, er spiele besser Bridge als Tennis, und erzählt, wie er einmal gegen eine Lehrerin Tennis spielte, die ihn vom Platz fegte. Als die Lehrerin erfuhr, gegen wen sie gewonnen hatte, konnte sie es nicht erwarten, ihrer Klasse zu erzählen, wie sie den Schriftsteller Louis Sachar beim Tennisspielen abgeschossen hatte. Unabhängig davon, ob man gewinnt oder verliert: Auch beim Tennis ist der Spieler auf sich allein gestellt und führt innere Monologe, um sich zu verbessern. Kein Wunder also, dass viele von Sachars Figuren schweigsame Typen sind. In *Löcher* hält beispielsweise der schwarze Junge Zero meistens den Mund. Er ist offenbar der Einzige im Strafcamp Green Lake, der gerne Löcher in den ausgetrockneten See gräbt, ohne den Grund dafür zu kennen. *Ich weiß, dass mich alle für dumm halten. Aber ich mag nun mal keine Fragen beantworten,* sagt Zero zum Protagonisten des Romans, Stanley, der seinerseits nur ungern und langsam seine Löcher gräbt und sich stattdessen lieber wichtige Dinge ins Gedächtnis eingräbt. Es gibt in diesem Roman Löcher, so weit das Auge reicht. Auch inhaltlich klaffen zunächst Lücken zwischen vielen verschiedenen Geschichten, die jedoch alle miteinander in Verbindung stehen. Sachars erzählerische Kunst besteht darin, diesen Roman virtuos aufzubauen, Puzzlestücke am Ende zu einem großen Ganzen zu formen, indem er die zahlreichen Themen zum richtigen Zeitpunkt miteinander verknüpft, wobei einige Löcher der Leser selbst füllen darf, worauf Sachar auf der viertletzten Seite hinweist.

Es gibt noch andere gute Gründe, warum Sacher über diese komplexe, aber nicht komplizierte Geschichte lange schwieg und keinem Menschen etwas von seinem Projekt in statu nascendi erzählte. Er hätte kaum jemanden für sein narratives Konstrukt mit den vielen Tempiwechseln begeistern können. In den letzten zehn Jahren ist nämlich kein Kinderbuch erschienen, dessen Inhalt so schwer zusammenzufassen ist wie der von *Löcher.* Selten hatten Literaturkritiker so viel Mühe, ein Buch anzupreisen. Alle mochten es, aber niemandem gelang es überzeugend, die Gründe für die Faszination, die davon ausgeht, und die Ursachen für die Trance, in die der Leser durch diese Prosa versetzt wird, zu vermitteln. Das gilt auch für die Werbetexte des Verlages. Auf dem Umschlag steht: »Die ganz unglaubliche, zum Weinen komische Geschichte von Stanley, der endlich, endlich den Familienfluch der Yelnats' bannt. Hundert Jahre gab es kein Entrinnen: Was immer ein Yelnats anfing, es ging schief. Die Geschäftsidee von Stanleys Vater, gebrauchte Turnschuhe zu recyclen, war nur das letzte Glied einer langen Unglückskette. Und urplötzlich winkt das Glück. Davor aber liegen: Die Geheimnisse von Green Lake.« Nach nur diesem Hinweis und aufgrund des missglückten Umschlagbildes von Wolf Erlbruch hätte ich das Buch ungelesen ins Regal zurückgestellt. Die *Süddeutsche Zeitung* jammerte: »Wo und wann, um Himmels willen, soll man beginnen, wenn man etwas über Louis Sachars *Löcher – Die Geheimnisse von Green Lake* erzählen will? Die Geschichte bringt so viele Drunter- und Drübergeschichten, so viele erheiternde, komische, melancholische, traurige und skurrile Bilder, dass es verdammt schwer fällt, sich für einen Anfang zu entscheiden ...«

Als ich mit 20 Minuten Verspätung endlich ankomme, lacht Amelie Fried: »Wir kennen das. Kein Problem!«

»Sachars *Löcher* verbindet Vergangenheit und Gegenwart. Es ist spannend und abenteuerlich. Es entspricht keinem Genre und passt in keine Schublade. Das sind für mich Kriterien für gute Bücher«, sagt Amelie Fried, die den Roman als »Luchs«-Jurorin (eine monatlich von Radio Bremen und DIE ZEIT vergebene Auszeichnung für Kinder- und Jugendbücher) entdeckt hat: »Von Anfang an hat Sachar eine Sonderstellung eingenommen«, erinnert sich Fried. »Er spricht Kinder, Jugendliche und auch Erwachsene an, weil er mehrere Erzählebenen eingebaut hat.«

Der 15-jährige Stanley Yelnats (rückwärts lesen!) verwandelt sich im Lauf des Romans vom Pechvogel zum Glückskind. Zu Beginn wird er wegen eines Diebstahls verurteilt,

den er nicht begangen hat. In Green Lake befindet sich eine Besserungsanstalt für Jugendliche, in der Stanley seine Strafe absitzen bzw. ausschaufeln soll. Bei 35 Grad im Schatten – den es in Green Lake kaum gibt (einen See gibt's erst recht nicht) – muss er Tag für Tag ein Loch buddeln: fünf Fuß breit, fünf Fuß tief. Das soll den Charakter bessern. Wüstensand, Klapperschlangen, Skorpione und die absolut tödlichen, gelb gefleckten Eidechsen rieseln und kriechen schauerlich in diesem Roman. »Mein Sohn hat neulich sein Zimmer aufgeräumt und etwa hundert Bücher aussortiert. Aber bei *Löcher* hat er sofort gesagt, ›das behalte ich‹«, sagt Amelie Fried. Es ist durchaus möglich, dass Fried Junior Sachars Meisterwerk auch noch als Erwachsener in seiner Bibliothek als Herzensbuch aufbewahren wird. Mag sein, dass Frieds Enkelkinder sich dereinst von Sachars Erzählkunst packen lassen, dass also die Familientradition der Yelnats sich von einer Lesergeneration zur nächsten vererbt.

Stanleys Ururgroßvater war aus enttäuschter Liebe und überhastet von Lettland in die USA ausgewandert. Weil er in seiner Heimat ein Versprechen nicht hielt, lastet seither ein Fluch auf den Yelnats: Eine Banditin namens Kissin Kate Barlow, der Zwiebelverkäufer Sam oder stinkende Turnschuhe – kunstvoll verwebt Sachar Familiengeschichten und viele Erzählmotive mit der trockenen, staubigen, vom gleichförmigen Geräusch der Schaufeln begleiteten Gegenwart Stanleys, der als schüchterner Junge in Green Lake ankommt und allmählich begreift, dass der Zeitpunkt gekommen ist, an dem die Schuld seiner Familie abgegolten ist. Sachar versetzt die Leser in Trance und hält gleichzeitig eine Spannung aufrecht, die nur in besten Krimis herrscht. »Er spricht in besonderer

Weise nicht nur alle wichtigen Themen der Literatur, sondern auch des Lebens an: Vorurteile, Respekt, Freundschaft, Gut und Böse, Schuld und Unschuld …«, sagt Amelie Fried. Wenn ihr Sohn zu Kindergeburtstagen eingeladen war, brachte er als Geschenk immer ein Exemplar von Sachars *Löchern* mit. »Es ist ein Roman, der besonders geeignet ist, lesefaule Jungen für Bücher zu begeistern«, hat Fried festgestellt. Vielleicht liegt es an der Komplexität, an den vielen Puzzleteilen, die man beim Lesen im Auge behalten muss, an der Virtuosität, mit der die Teilchen im Lauf des Romans ineinander gefügt werden, an der erzählerischen Brillanz, mit der Zufälle kombiniert und zu einem großen Ganzen gefügt werden. Bestimmt liegt es auch an dem jungen Antihelden Stanley, der mit intuitiver Intelligenz sein Leben und das Familienschicksal der Yelnats von vielen Seiten her betrachtet und einiges durchmacht, bevor er dessen Geheimnis begreift. »Kinder- und Jugendbücher haben sich in den letzten Jahrzehnten stark verändert. Das Betuliche von früher ist oft verschwunden. Sachars Roman hat etwas Anarchisches und ist unglaublich schräg. Trotzdem werden darin fast unmerklich auch herkömmliche Werte vermittelt«, fasst Amelie Fried die Faszination dieses Romans zusammen.

Louis Sachar wurde 1954 in East Meadow, New York geboren. 1976 schloss er sein Studium der Wirtschaftswissenschaften an der University of California ab. Danach arbeitete er in einem Warenhaus für Pullover und begann nebenher sein erstes Buch zu schreiben. Als er nach einem Jahr entlassen wurde, studierte er bis 1980 am Hastings College in San Francisco Jura. Kurz nach dem Abschluss seines Zweitstudiums wurde Sachars erstes Buch veröffentlicht. Als seine Bücher anfingen, sich gut zu verkaufen, hörte er auf, als Jurist zu arbeiten. 1985 heiratete er seine Frau Carla, zwei Jahre später wurde seine Tochter Sherre geboren.

Sachar möchte immer wissen, wer die Lieblingsautoren seiner Lieblingsautoren sind, und gibt deshalb seine eigenen gerne bekannt: E. L. Doctorow, J. D. Salinger, Kurt Vonnegut, Kazuro Ishiguro, Flannery O'Connor, Rex Stout, Katherine Paterson und E. B. White.

Louis Sachar: Löcher. Aus dem amerikanischen Englisch von Birgitt Kollmann. Beltz & Gelberg 1999. 296 S., ab 10 J.

Ottaviano auf den Bäumen

2001
Angela Nanetti
Mein Großvater war ein Kirschbaum

Ich sah, dass Mama sich Sorgen machte.

»Tonino, bitte …«

»Ich steige nicht ab, weil sie den Baum absägen wollen«, wiederholte ich. Und je öfter ich es wiederholte, desto mehr spürte ich, dass es richtig war.

Also stiegen die Feuerwehrleute in ihr Auto und fuhren die Leiter aus. Einer kletterte daran hoch. Ich wartete, bis er sich meinem Ast genähert hatte. Als er sich streckte, rutschte ich auf einen anderen Ast. Ich hörte Großvaters Stimme: »Du musst denken, du wärst ein Vogel oder eine Katze, du musst daran denken, dass der Kirschbaum dein Freund ist.«

Und so kletterte ich rauf und runter und die Feuerwehrleute drehten ihre Leiter in alle Richtungen, aber sie erwischten mich nicht. Schließlich war ich ganz oben in der Baumkrone.

Der hier siebenjährige Ich-Erzähler Tonino kämpft für diesen Kirschbaum. Die Stimme des Großvaters Ottaviano hört er nur in Gedanken, denn zu diesem Zeitpunkt ist Großvater schon tot. Aber mit denselben Worten hatte ihm der Alte ein Jahr davor das Klettern beigebracht. *Innerhalb einer Woche wurde ich zu Tarzan,* berichtete Tonino stolz. Laut Ottaviano soll auch Toninos Mutter (Ottavianos Tochter) *ein Kletterteufel* gewesen sein. *»Aber damals war der Baum viel kleiner!«*, schreit Mama entsetzt, als sie von Toninos Rekorden hört.

Ottaviano war sein ganzes Leben lang oft auf Bäumen. Ursprünglich wollte er Zirkusartist werden, doch dann ließ er sich zum Gärtner ausbilden. Ottavianos Enkel ahmt ihn jetzt nach. Bei den zahlreichen Baum-Szenen denken italienische Leser sofort an Calvinos *Baron auf den Bäumen,* ein generationenübergreifend prägender Roman, den es auch in einer vom Autor bearbeiteten Fassung für Kinder gibt.

Bis zu der letzten, ziemlich dramatischen Jagd im Geäst Felices (so heißt der große, alte Kirschbaum) hat der Stadtjunge – und mit ihm die Leser – sehr viel über das Leben auf dem Land, über die Geheimnisse der Natur, über Liebe und Trennung, über Kindheit und Alter und vor allem über das Leben im Gegensatz zum Sterben gelernt.

Der stille, ernste und zarte Zauber, der von dieser für den deutschen Jugendliteraturpreis nominierten Geschichte ausgeht, ist schwer zu beschreiben. Die Sprache ist sehr einfach (das Hörbuch wird schon ab 6 Jahren empfohlen) und spannende Höhepunkte gibt es nur wenige. Liegt es vielleicht an der italienischen »dolce vita«, an den vielen Weisheiten Ottavianos oder an der Schaumcreme Zabaione? Jeden Morgen gibt's bei Großvater Ottaviano Zabaione zum Frühstück: Ei, Zucker, Sahne. Die Zabaione muss so frisch sein, *dass sie noch nach Huhn riecht,* sagt Großvater. Deshalb holt er jeden Abend frische Eier bei einem Nachbarbauern, der seinerseits seine Hühner *wie Prinzessinnen behandelt.* Und natürlich gehört ein Schuss Rotwein in die Zabaione.

Liegt es am bäuerlichen Leben? An der klugen Gans Alfonsina? Nachdem die Nonna gestorben ist, verbringt Großvater viele Stunden unter dem Kirschbaum Felice (das heißt »der Glückliche«) in Großmutters Sessel, Alfonsina auf seinem Schoß. Mit geschlossenen Augen lauscht Ottaviano in den Baum hinauf. So lehrt er Tonino besondere Dinge wahrzunehmen: die Geräusche der Vögel, der Bienen oder des Windes. So versteht Tonino, dass Bäume atmen können. Und er lernt, dass Menschen erst sterben, wenn man sie vergessen hat. Aber die schwergewichtige Großmutter Teodolinda wird niemand jemals vergessen. Ob ihre Seele in Alfonsina übergegangen ist?

Der zarte Zauber dieser Geschichte hat wohl auch mit dem feinen Humor zu tun: Ottaviano als Weihnachtsmann verkleidet in Toninos Schulklasse. Kinder, die zum ersten Mal eine Gans berühren. Toninos Kameraden, die langsam verstehen, warum der Junge so seltsame Sätze schreibt wie *die Zweige von Felice sind rosa gefärbt* und ihn nicht mehr auslachen.

Knapp und treffend sind auch die Charakterisierungen der drei Generationen, die Spannungen, die Trennung der Eltern Toninos, seine Sehnsucht nach dem Leben auf dem Land, die heimlichen Bündnisse mit Ottaviano, die Trotzreaktionen und Einsichten in tiefere Wahrheiten. Als der Großvater unter dem Kirschbaum eine Nacht lang ein Feuer in Gang hält, damit die Knospen nicht erfrieren, schläft der Alte ein und holt sich eine Lungenentzündung. Er kommt in eine Klinik, in *das Haus der Farblosen,* das er nie mehr verlassen wird. *Alte Bäume, die man verpflanzt, sterben,* hatte Ottaviano schon früher gesagt. Tonino besucht ihn nur einmal. Ottaviano ist so abgemagert und blass, dass Tonino ihn dort nicht mehr besuchen will. Nach vier Monaten stirbt Ottaviano.

Mama war ganz verzweifelt und mir wurde klar, dass Großvater wirklich tot war. Aber ich fühlte keinen Schmerz.

Sie weinte, und ich stellte mir Großvater vor, wie er in diesem schneeweißen Zimmer am Fenster saß und immer dünner und leichter wurde und schließlich davonflog. Wie eine Feder von Alfonsina, die der Wind im Hof herumwirbelte. Großvater war eine Feder geworden, und ich war froh, dass er wegflog. Ich fragte Mama, ob eine Feder bis zu Großmutter Teodolinda fliegen konnte, und sie sah mich erstaunt an und antwortete, dass sie auf solche dummen Fragen nicht eingehe. Also erklärte ich ihr, was ich mir ausgedacht hatte. Da weinte sie wieder, doch dann trocknete sie sich das Gesicht mit den Händen ab und umarmte mich.

»Du hast Recht, Großvater muss einfach davongeflogen sein. Dieser Ort war nichts für ihn, er war ein Gefängnis!«

Am Ende träumt Tonino, dass er Purzelbäume auf Ästen schlägt. Und dass der Baum sich schüttelt, weil er lacht. Wenn Bäume atmen können, warum sollten sie dann nicht auch lachen können, fragt sich Tonino.

Angela Nanetti wurde in der Nähe von Bologna geboren und lebt heute in Pescara. Sie hat zahlreiche Bücher für Kinder und Jugendliche geschrieben und dafür u.a. den »Premio Andersen Baia delle Favole« erhalten.

Angela Nanetti: Mein Großvater ist ein Kirschbaum. Aus dem Italienischen von Rosemarie Griebel-Kruip, Patmos 2001/ Fischer Schatzinsel 2003, 157 S., ab 9 J.

Tubasolo

2001
David Klass
Ihr kennt mich nicht

Die Zeit für mein Tubasolo ist gekommen. Zu meiner Überraschung wird der riesige Frosch, der sich als meine Tuba verkleidet hat, richtig munter. Vielleicht ist ihm meine Geschichte in seine amphibischen Glieder gefahren und zu Kopf gestiegen. Er öffnet sein Maul und trumpft auf mit einem Ton, der so tief, so klangvoll und so sexy ist, wie ihn wohl noch kein Frosch an diesem Teich vernommen hat. Der Klang wabert wie ein Nebel durch unser Musikzimmer.

Allein im Arbeitszimmer, das neue Taschenbuch in der Hand, das alte Hardcover liegt daneben, noch einmal der wilden Ich-Erzählung des 14-jährigen John folgend und trotz der Abgeschiedenheit immer wieder laut lachend – ein Lachen, das niemand außer mir hört –, stelle ich fest: Dies ist eines der witzigsten Jugendbücher der letzten zehn Jahre. Ich kenne keinen Autor, der mit so viel Humor die Gefühlswelt eines Jungen in der Pubertät dargestellt hat. Zudem vollführt Klass ein sprachliches Feuerwerk, bei dem es vor Ironie und Slapstickszenen in jedem Kapitel knallt und sprüht.

John hat in *National Geographic* alles über den afrikanischen Stamm Lashasa Palulu gelesen. Die Palulus müssen mit ihrer Erfahrung und ihrem Instinkt John in brenzligen Situationen immer wieder den Weg weisen. Eingesperrt in einem Zimmer und bedroht von einem *Bulldozer von einem Mann* erinnert sich John: *In den Annalen der Lashasa Palulu gibt es ein Ereignis, das beispielhaft für eine Rettung in letzter Sekunde steht.*

Johns naturkundliche Kenntnisse helfen ihm auch, Gefahrensituationen richtig einzuschätzen. Als John bei seinem ersten Date glücklich mit Gloria Porter spazieren geht, ertönt plötzliches ein lautes Grollen. John ahnt, dass es der eifersüchtige Billy Banane ausgestoßen hat: *Ich möchte Glory eigentlich nicht sagen, dass es sich für mich so angehört hat wie das frustrierte Brüllen eines sibirischen Walrossbullen, der in der Paarungszeit von allen Kühen seiner Herde zurückgewiesen wurde und die letzten paar Tage damit verbracht hat, in zorniger Einsamkeit seine Stoßzähne an den Eisschollen zu wetzen.*

John hat das Talent eines Komikers. Großartig ist auch, wie er über drei Seiten hinweg die Leser in die Irre führt, indem er sie glauben lässt, seine Flucht von zu Hause ende als Bademeister in einer Mädchenschule. … *Wie dir inzwischen vielleicht aufgefallen sein dürfte, bin ich gar nicht von zu Hause ausgerissen. Wenn ich weglaufen würde, stünden die Chancen, dass ich von einer wunderschönen Frau namens Miranda mitgenommen werde, ziemlich schlecht.*

Ironie, skurrile Bilder und große Imaginationskraft zeichnen John aus, der nach außen hin ein Schweiger ist. Er erzählt jedoch gebildet wie ein wandelndes Lexikon von seinem Schweigen, von seinen Gedanken, die er sich beim Schweigen macht, von den Wirkungen der wenigen Worte, die er sagt, und nicht zuletzt von den musikalischen und verbalen Eruptionen, die sein häufiges Schweigen dann manchmal doch auslösen. Es scheint, als öffne der Autor die Schädeldecke seines Helden, damit wir in sein Inneres blicken und seine Empfindungen nachvollziehen können.

Du kennst mich nicht, lauten die ersten vier – an die Mutter gerichteten – Worte dieses Romans. John verallgemeinert später: *Ihr kennt mich nicht.* Weil John sich seiner Umwelt so selten mitteilt, glauben ihm die Leser das. John seinerseits glaubt, dass er von seinen Mitmenschen kaum wahrgenommen wird. Er glaubt, dass seine Lehrer die Schüler schikanieren, weil sie selbst unzufrieden mit ihrem Leben sind. Er glaubt, dass die Leser die Schlimmsten überhaupt sind, weil sie nun sein Geheimnis kennen. John vertraut niemandem, denn niemand, nicht einmal seine Mutter, sieht seine Qualen und versucht ihn zu retten.

John ist ein Einzelgänger, der von seinem Ziehvater (*ein brutaler, schnarchender, bierbäuchiger Rüpel*) regelmäßig geschlagen wird, ohne dass John sich dagegen zur Wehr setzen kann. Trotzdem ist er tapfer, kämpft sich voran, kann den Alltag manchmal nur mit Sarkasmus verkraften und stürzt sich in sein erstes Date mit Glory Halleluja (eigentlich Gloria Porter). Die zwei ersten schonungslosen Kapitel, in denen Johns von ihrem ersten Mann verlassene und erschöpfte Mutter und ihr brutaler Geliebter im Mittelpunkt stehen, sind schnell verdrängt: Der brutale Ziehvater, der bald sein Stiefvater werden soll, und der ständige Ärger in der Schule treten hinter dieser ersten Flirt-Burleske zurück.

Refrainartig kehren allerdings die Zweifel zurück. *Kann es sein, dass Glory Halleluja – wie du, wie Mr Steenwilly, wie jeder in meinem Leben, das kein Leben ist – mich nicht kennt?*

Die Negationen kennzeichnen Johns Ausdrucksweise. Er erzählt von seiner *Anti-Schule,* von seinem *Nicht-Zuhause,* von seinem *Nicht-Leben* und vor allem von seinem *Vater, der kein Vater ist.* John baut mit Zynismus einen sprachlichen Panzer gegen diesen Schläger und Kleinkriminellen auf. Zu den verbalen Attacken kommen die physischen. Die Auseinandersetzungen gipfeln in einer Prügelei, in der John krankenhausreif geschlagen wird.

Auch auf Nebenschauplätzen geht es manchmal ernst zur Sache, beispielsweise mit Billy Banane, seinem *Freund, der kein Freund ist,* weil er Glory rumkriegen möchte. John hat Gloria zuerst gesehen. Er hat das Recht, sie zum Baseballspiel auszuführen. Doch Billy erklärt ihm den Krieg. John kontert. Er weiß: *Der Mann, der nicht mein Vater ist, ist ein Gegner, den man nicht unterschätzen darf. Billy Banane kann mir keine Angst machen. Die Söhne glücklicher Familien sollten sich nicht mit denen anlegen, die in einem Kriegsgebiet leben.* (…) *Der schlimmste Feind ist jemand, der dich kennt. Und je besser er dich kennt, je näher er dir steht, desto mehr Möglichkeiten hat er, dir wehzutun.*

Stilistisch betrachtet ist dies ein Negativ-Roman, der jedoch vor Lebensbejahung überbordet. Als Glory ihm mitteilt, dass sie ihn zum Spiel begleiten wird, verschwindet plötzlich *der geheimnisvolle und übellaunige Gott der Schuluhren – der mich gewöhnlich martert, indem er jede Schulstunde endlos ausdehnt.* Wenig später auf dem Weg zu Glory: *Wer ist dieser junge Mann, der mit festen Schritten die Beechwood Lane entlangmarschiert …?,* fragt John, obwohl die Leser wissen, dass es John selbst ist – mit neuem Selbstvertrauen ausgestattet und gut gelaunt. John spielt immer wieder mit seiner Identität. Er hat mehr als genug (Galgen-)Humor, um sich selbst auf die Schippe zu nehmen. Im Gespräch mit Glorias Mutter fühlt er sich plötzlich wie *der Klempner der Musikwelt.*

Meisterhaft gelingt es Klass, ganz langsam durchsickern zu lassen, dass John sich selbst nur sehr schlecht kennt, dass er auf seine Freunde und Feinde auf eine Weise wirkt, die ihm nicht bewusst ist, und dass seine Zurückhaltung und sein Schweigen ihm zum Verhängnis werden.

Wilde Violet (eigentlich Violet Hayes, ein Mädchen, das im Schulorchester auf John so wirkt, *als wolle sie ihr Saxophon strangulieren)* wird gegen Ende des Romans John als Erste einen Spiegel so aufdringlich vorhalten, bis der Junge merkt, dass mit seiner Selbstwahrnehmung vielleicht etwas nicht stimmt. Zum Schluss wird ihm die Mutter die Augen öffnen: *Meine Mutter schreit nicht mehr und schüttelt mich auch nicht* (…) *»Weißt du nicht, wer du bist?* (…) *Du bist die einzige Familie, die ich habe. Die einzige Person, auf die ich mich verlassen kann.«* (…) *Es scheint, als hätte ich mich die ganze Zeit lang geirrt. Von Anfang an – angefangen bei den ersten vier Worten dieser zornigen Leidensgeschichte – hatte ich Unrecht,* stellt John fest. Dies ist eines der traurigsten Jugendbücher der letzten zehn Jahre.

Der stakkatohafte Erzählrhythmus, der von Verneinungen bestimmt wird, um nach den Pausen, in denen einem manchmal das Lachen im Halse stecken bleibt, umso rauschender voranzuschreiten, nimmt den Leser mit auf eine musikalische Reise: ein Roman wie ein improvisiertes Tubasolo mit Motiven, die nicht ausgeführt werden und im Nichts enden, mit Schwachstellen und Fehltönen, aber mitreißend.

Der Riesenfrosch, der so tut, als sei er meine Tuba, braucht keine weitere Anfeuerung. Er setzt zu einer Froschversion des Twist an und schwingt seine Hüften wie ein junger Elvis. Ich klammere mich mit beiden Händen und einem Bein an mein Instrument, dem Töne entweichen, von denen ich bisher nicht einmal wusste, dass es sie gibt.

David Klass, aufgewachsen in New Jersey, stammt aus einer Schriftstellerfamilie. Er studierte zunächst Geschichte und Literatur und wechselte dann an eine Filmhochschule in Kalifornien. Heute lebt er als Buch- und Drehbuchautor in New York.

David Klass: Ihr kennt mich nicht. Aus dem Amerikanischen von Alexandra Ernst. Arena Verlag 2001, 270 S., ab 12 J.

Skidbladner, Sleipnir & Co.

2001
Tor Åge Bringsværd / Johannes Grützke (Ill.)
Die wilden Götter. Sagenhaftes aus dem hohen Norden

Wenn Kinder nichts mit der griechischen und römischen Antike anfangen können oder wenn sie sie schon in- und auswendig kennen (auch das soll es noch geben): In beiden Fällen lohnt sich der Blick hinauf zur nordischen Mythologie, die noch nie so leicht und spielerisch, so frech und witzig zu lesen war wie heute.

Bringsværd stand zu Beginn seiner Arbeit vor den Fragmenten der nordischen Mythologie. Er stellte sich vor, dass einst ein großes Epos, eine lange Erzählung existiert haben muss. Falls es sie gab, so hat er sie mit diesem Buch auf seine Weise rekonstruiert. Basierend auf der *Edda* des Snorri Sturluson (1179–1241) hat er das Durcheinander und die zahllosen Bruchstücke zusammengesetzt und eine Chronologie, ein Nacheinander und Zusammenhänge erstellt, die von den Quellen nicht belegt werden. Die Leser danken ihm diesen Mut, denn jetzt können sie – ausgehend von der Erschaffung der Welt und dann von Episode zu Episode bis zu deren Zerstörung und Wiederauferstehung – Odin, dem Protagonisten und Häuptling aller Götter, folgen. Odin, der mit allen Sinnen versucht, das Treiben auf der Welt und die Beziehungen zwischen Göttern und Menschen besser zu verstehen, führt den Leser durch packende Abenteuer und kluge Geschichten voll wunderlicher Erscheinungen: der schneller als jedes Pferd galoppierende Eber Gullborste, der im Dunkeln leuchtet; sein Gegenpart Sleipnir, Odins achtbeiniges Pferd, mit dem man im Himmel reiten kann; oder das magische Götterschiff Skidbladner, das von Zwergen erbaut wurde, zusammengefaltet in jede Hosentasche passt und immer Rückenwind hat. Das Vorstellungsvermögen der Leser wird auf eine Weise gefordert, wie das nur archaische Sagen und Mythen vermögen. Vielleicht liegt es daran, dass Wertendes und Moralisierendes weitgehend fehlt, vielleicht liegt es an der Lakonie der Sprache, die in einem eigentümlichen Gegensatz zur drallen Welt steht, die Bringsværd schildert, oder vielleicht an der Magie, die allein schon an den Eigennamen haftet und die nicht nur J. R. R. Tolkien, sondern auch noch zahllose Fantasy-Autoren der Gegenwart inspiriert.

»Nehmen wir kein Blatt vor den Mund: Die deutsche Geschichte hat uns manches versaut. Zu ihren Opfern zählt auch eine der erstaunlichsten Götterwelten: die nordische Mythologie. Von Richard Wagner ebenso genial wie schwerfüßig auf die Opernbühne verschleppt, von Chauvinisten und Rassisten vereinnahmt, von den Nazis bis zur Unkenntlichkeit verstümmelt, fristet sie bis heute ein Schattendasein in der rechten Ecke.« Hans Magnus Enzensberger, der dies schreibt, und seine in Norwegen lebende Tochter Tanaquil haben die zwölf Kapitel des Buches durch Aufsätze und ein ausführliches Register aller handelnden Personen ergänzt. Volve soll hier kurz vorgestellt werden, die Wahrsagerin, eine Schamanin, die Odin am Ende der Geschichte die Zukunft weissagt:

Die Frau, die sie auf der kleinen Lichtung treffen, ist weder jung noch alt. Sie steht auf und grüßt, indem sie einen kleinen Stab hoch in die Luft hebt. Der Griff des Stabes schimmert in glänzendem Messing. »Ich habe euch erwartet«, sagt sie. Der weite Mantel, den sie umhat, ist mit farbigen Edelsteinen geschmückt. Sie trägt eine Kette aus Perlen um den Hals und eine schwarze Mütze aus Lammfell auf dem Kopf. An ihrem Gürtel hängt ein großer lederner Beutel. Ihre Handschuhe sind aus Katzenpelz gemacht und an den Füßen trägt sie Schuhe aus zotteligem Kalbfell.

Sie ist eine Volve. Solche seltenen Frauen heißen nach dem Vol, dem Stab, den sie tragen und auf dem sie reiten können, um ihre Seele in andere, unsichtbare Welten zu tragen.

Tor Åge Bringsværd, 1939 im norwegischen Skien geboren, lebt heute am Oslofjord. Er hat viele Romane, Erzählungen, Theaterstücke und Kinderbücher publiziert.

Johannes Grützke, geboren 1937 in Berlin, Studium der bildenden Künste, seitdem freischaffender Künstler mit Schwerpunkt Malerei. Bühnenbilder für Peter Zadek sowie zahlreiche Wandgemälde (u. a. *Zug der Volksvertreter,* Frankfurter Paulskirche). Er lebt und arbeitet in Berlin.

Tor Åge Bringsværd / Johannes Grützke (Ill.): Die wilden Götter. Sagenhaftes aus dem hohen Norden. Deutsche Fassung von Tanaquil und Hans Magnus Enzensberger. Mit 77 Zeichnungen, Initialen und Vorsatz von Johannes Grützke. Eichborn 2001 / Piper 2004, 312 S., ab 13 J.

Das ge von Gestern

2001
Frantz Wittkamp
Du bist da und ich bin hier. Gedichte und Geschichten, gelesen von Manfred Steffen

»... und von Emma (4), Johnny (8) und Vincent (11).« Der Einsatz dieser Kinderstimmen ist ein gelungenes Beispiel für eine sorgfältige und durchdachte Regiearbeit. Welche Verse, wie viele und wann sollen sie von den Kindern gelesen werden? Welche spricht der Profi Manfred Steffen?

Hier ist ein herrliches Stimmenquartett zu hören, das die Inhalte und ihre Abfolge auf wunderbare Weise kombiniert und so ein unvergleichliches Gesamtklangbild erzeugt. Das ist nur möglich, weil Frantz Wittkamp mit seinen »Findlingen« kleine Weisheiten und erstaunliche Beobachtungen aufs Papier gezaubert hat, die mit ihrer Ideenvielfalt, ihren wechselnden Rhythmen und ihren überraschenden Pointen dreijährige Kinder ebenso begeistern wie Erwachsene.

Komm, wir teilen brüderlich / den Apfel in der Mitte. / Zwei der Hälften esse ich / und du bekommst die dritte. Mit einem Hauch Vorwitz von einer selbstsicheren Jungenstimme gelesen, wirkt diese kleine Frechheit sofort.

Wittkamps Schaffensfreude verblüfft Leser und Hörer mit Sprachlogeleien aller Art:

Man sieht es deutlich unbestritten, / mein Mantel hat ein

Loch. / Ich habe es herausgeschnitten. / Man sieht es aber doch.

Wenn Wittkamp Worte abklopft, die auf menschliche Tugenden verweisen, klingt das so: *Ich hab Geduld und warte ab, / bis ich sie verloren hab. / Nur um zu wissen, was passiert, / wenn man die Geduld verliert.*

Wittkamps Texte (sein bewusster Umgang mit Sinn, Rhythmus und Klang) sind lesefördernde Denkanstöße und oft mehrdeutig und schelmisch, aber auch still und meditativ. Mühelos zieht er Leser und Hörer in seine Wortwelten, die schlicht und komplex zugleich sind. Nicht alle Texte sind harmlos. Überschäumende Kinderwut kann sich selten so kontrolliert, elegant und bei aller Verzeiflung schon den friedensstiftenden Keim enthaltend Luft machen wie bei Wittkamp:

Ich kann euch / nur noch hassen, / ich finde euch gemein. / Ich werde euch / verlassen, dann seid ihr / ganz allein.

Wittkamps Findlinge sind Eigen- und Fein-, Hinter- und Tief-, aber auch Froh- und Irr- und Unsinn auf engstem Raum. Kein Wort zu viel benötigt Wittkamp, um diese Sinnformen zum Klingen zu bringen. Er ist ein Meister der Konzentration auf das Wesentliche und öffnet dabei bunte Assoziationsräume. Die Leser und Hörer dürfen weiterdenken und die Leerstellen mit ihren eigenen Vorstellungen füllen.

Wittkamps Texte zeugen davon, dass hier mehr am Werk ist als »nur« die pure Lust am Sprachspiel. Beharrlich sucht der Autor nach noch namenlosen phonetischen Phänomenen und dabei zerlegt er Wörter in ihre Bestandteile. *Das ge von gestern, musst du wissen, / das habe ich versehentlich / mit meinen Zähnen abgebissen. / Geblieben ist ein stern für dich.*

Nicht nur Silben, auch einzelnen Buchstaben ordnet Wittkamp poetische Aufgaben zu. Die isolierte Letter selbst erhält Bedeutung und sorgt für den Endreim: *Ich freue mich, wenn ich dich seh, / ich finde dich so nett, / ich schenke dir mein H und E, / mein R und auch mein Z.*

Das Ausmaß von Wittkamps Buchstabenbesessenheit lässt sich auch daran erkennen, dass sie auf geradezu behördlich-amtliche Art in sein eigenes Leben und das seiner Mitmenschen eingreift. Die Geschichten seines und des Vornamens seiner Tochter mögen dies verdeutlichen. Frantz Wittkamp hatte seinen Studienfreund Reiner als »Rheiner« in das Mainzer Hochschülerverzeichnis eingetragen. Das »t« in Wittkamps Vornamen ist sowohl Franz' Reue als auch die sprachliche Rache Rheiners. Die 1970 geborene Tochter Frantz Wittkamps heißt genau genommen Juli A. Wittkamp (nachzulesen z. B. in ihrem Bilderbuch *Guten Morgen mein Mäuschen* – der Text stammt aus der Feder des Vaters). Das A. steht für Alfred, den Sohn, der sie eigentlich hätte werden sollen. Der Sohn folgte übrigens elf Jahre später und erhielt den Namen Valentin, benannt nach dem Münchner Original, der an diesen Wittkamps seine helle Freude hätte.

Frantz Wittkamp, geboren 1943, unterrichtete bis 1970 Kunsterziehung und Biologie. Seither lebt er als freischaffender Grafiker und Schriftsteller in Lüdinghausen. Dort hat er – zusammen mit seiner Frau – eine Galerie nur für eigene Werke.

Frantz Wittkamp: Du bist da und ich bin hier. Gedichte und Geschichten gelesen von Manfred Steffen, 1 CD. Hörcompany 2001, ab 3 J.

Ich, die brodelnde Rauchsäule

2001
Buch-Tipp von Klaus Eck:
Jonathan Stroud
Bartimäus – Das Amulett von Samarkand

Gegen Ende der Formel wuchs und dehnte sich meine Gestalt, bis sie schließlich aus dem Kreis herausragte. In den Ebenen öffnete sich eine Tür nach der anderen und lud mich ein hindurchzutreten. Ich verwandelte mich in eine dicke, bis zur Decke brodelnde Rauchsäule und erfüllte das Zimmer, das für mich von Augenblick zu Augenblick unwirklicher wurde.

Im vierten Stock der Neumarkter Straße räumt Klaus Eck, Verleger der deutschen Random-House-Verlage, auf dem großen Gästetisch seines Büros einen Platz frei für den ersten und den gerade erschienenen zweiten Band der *Bartimäus*-Trilogie. Wertvolle Papierstapel werden verschoben, beispielsweise das neue Manuskript von Nicholas Evans (dessen Roman *Der Pferdeflüsterer* ein Welterfolg war). Doch die Bücher des jungen Jonathan Stroud sind inzwischen womöglich noch kostbarer. Werden Jugendbücher immer wichtiger?

»Der Begriff ›All-Age‹ beschreibt das neue Phänomen – wenn denn nicht schon Mark Twain etwa bewiesen hat, dass es so neu gar nicht ist«, sagt Klaus Eck. »Immer mehr Jugendbücher tauchen auf den Belletristik-Bestsellerlisten auf und werden auch von Erwachsenen gelesen. Also machen sich die Verlage natürlich Gedanken darüber, wie sie das vernünftig nutzen können, um auch Erwachsene mit diesen Titeln ansprechen zu können. Dabei ist sicher der Weg vom Buchangebot für Erwachsene, das auch Jugendliche nutzen, interessanter und leichter als umgekehrt. Kinder- und Jugendliteratur bildet immer noch eine Enklave: in den Verlagen, in den Buchhandlungen, in den Medien und dementsprechend auch bei den Lesern.« Den Weg von der Belletristik zum Bestseller auch für Jugendliche skizziert Klaus Eck am Beispiel von Douglas Adams *(Per Anhalter durch die Galaxis)* oder den Büchern von Terry Pratchett. Doch *Bartimäus* zeigt, es geht auch andersherum: Erschienen in einem klassischen Jugendbuchverlag, und doch auch von Erwachsenen verschlungen. Was ist das Besondere an *Bartimäus?*

»Ein wunderbarer und gewiefter Erzähler. Scharfzüngig, voll trockenem Humor, temporeich wie ein Film, ironisch und manchmal auch mit einer Prise Zynismus. Man hat augenblicklich eine ganz eigene Welt vor sich. Zwei liebenswertböse Helden. Und man versteht sofort den Witz dieser originellen Meister-Schüler-Variante.« Klaus Eck erinnert sich, dass er die Fahnen im Urlaub in Österreich seinem 12-jährigen Patenkind Andreas gab. Er wohnte im Nachbarhaus und las mit. Beim Frühstück kam er rüber und wollte den zweiten Stapel haben. »Das sind diese wunderbaren ›Intensivst-Lesephasen‹, die man in der Jugend durchlebt. Das prägt und bestimmt den Zugang zu Büchern.«

Klaus Eck erzählt von seiner Lesebiographie: Astrid Lindgren, Enid Blyton und »mit zwölf in einem Jahr den halben Karl May gefressen.« Deshalb könne er sein Patenkind gut verstehen. »Das sind Ur-Leseerlebnisse. Man wächst in Welten hinein, die Figuren werden zu Freunden. Das gelingt auch Jonathan Stroud mit seinem Nathanael und Bartimäus. Dazu die herrlich aggressiven Gegenwartsbezüge zur Politik: ein Premierminister als Bösewicht, geldgierige und machtbesessene Minister. Da schwingt ein aktueller, kritischer Subtext mit. Und Stroud schafft es, den alten Dämonenmythos in die Gegenwart zu übersetzen – man hat es hier weniger mit altmeisterlicher schwarzer Magie, sondern eher, mit den Worten des Films ausgedrückt, mit ›Spezialeffekten‹ zu tun.« Der große Verkaufserfolg und das einhellige Kritikerlob haben Klaus Eck und die Kollegen vom Jugendbuch bestätigt.

Wenn meinungsbildende Medien unisono ein Buch in den Himmel loben, wie das mit *Bartimäus* geschehen ist, dann suchen allerdings die Fachzeitschriften gerne Schwachstellen. Hier jedoch stimmten auch sie in den Chor der Begeisterung mit ein: »Jonathan Stroud entwirft mit *Bartimäus* nicht nur eine faszinierende Alternativwelt mit einer zum Teil der Mythologie entlehnten Dämonologie, sondern erweist sich als herausragender Romancier, der seinen tragenden Figuren mittels der Sprache eigene, sehr glaubhafte Charaktere verleiht«, schrieb das *Bulletin Jugend + Literatur* anlässlich der Verleihung der »Eule des Monats«. Und die Nominierung für den Deutschen Jugendliteraturpreis unterstreicht die Qualitäten des Fantasy-Schmökers.

Wann gab es das: Ein Ich-Erzähler, der sich in eine brodelnde Rauchsäule verwandelt? Jonathan Stroud wohl hat die seit langem originellste Romanfigur erfunden: einen gewitzten Dämon, der seit 5000 Jahren in die Weltgeschichte eingreift und nun Nathanael, einem jungen Magier gehorchen muss. »Stroud ist ein ehemaliger Kollege von uns. Er hat als Verlagslektor in London gearbeitet, um dann von dieser Hebammen-Funktion zur eigenen Geburt zu finden, indem er ins originäre Fach des Autors hinüberwechselte. Jonathan ist in der Tat ein geborener Erzähler: Er versteht in jeder Hinsicht etwas vom Fach. Also nicht nur etwa wie man beispielsweise einen großen Spannungsbogen baut, sondern auch wie man einen Roman schreibt, der generationsübergreifend mit seinen Charakteren Leser fesselt. Als ich Jonathan Stroud persönlich kennen lernte, traf ich auf einen sehr sympathischen, eher schüchternen jungen Engländer, der aber anschaulich den Entstehungsprozess seiner Texte zu schildern weiß. Ich kann ihn mir gut vorstellen, wie er sich in seine eigene Welt zurückzieht, die in ihm entstanden ist, in der er lebt und formuliert«, berichtet Klaus Eck.

Jonathan Strouds Kernidee bestand darin, einen Roman über Magie zu schreiben, in dem die üblichen Regeln umgekehrt werden. Demnach änderte er die normalerweise mehrheitlich guten menschlichen Magier in Bösewichte, die sich von gewöhnlichen Menschen nur dadurch unterscheiden, dass sie in ihrer Kindheit ausgebildet wurden, Dämonen zu beschwören. Ohne Hilfe dieser Geister, die widerwillige Sklaven sind, könnte Nathanael, ebenso wie alle seine Kollegen, nicht zaubern. Er kann lediglich magische Taten befehlen, die – auch wenn sie einem guten Zweck dienen – moralisch fragwürdig sind, da sie doch unfreiwillig geleistet werden. Der Held des Romans ist ein solcher Sklave, der Dschinn Bartimäus. Die Beziehung zwischen Bartimäus und Nathanael – beide sind keine rechtschaffenen Helden, sondern moralisch zwiespältig – bezeichnet Stroud als »Dynamo« des Buches. Aus anfänglichem Abscheu wird später gegenseitiger Respekt.

Als Schauplatz wählte Stroud im Gegensatz zu den Autoren, die Fantasy-Abenteuer in Fantasiewelten spielen lassen, ein realistisches Ambiente. Er mischte Magie mit Alltag, in dem die Politiker böse Zauberer sind. Eine weitere Besonderheit bilden die Fußnoten: Bereits als Stroud die erste Szene, Bartimäus' Materialisierung in Nathanaels Schlafzimmer, schrieb, fügte er Fußnoten hinzu, die zum Dschinn – dessen Verstand *auf mehreren Ebenen gleichzeitig arbeitet*[1] – insofern gut passen, als er aus jahrtausendealter Erfahrung sehr viel weiß und dieses Wissen – ohne seine Erzählung aufzublähen – als witzige Extrainformation hinzufügen kann. Lektoren verzweifeln normalerweise über das den Lesefluss bremsende Kleingedruckte. Hier jedoch sorgt es für Humor und Durchblick. »Kleine Geschenke am Ende der Seite«, nennt sie Jonathan Stroud.

»Als Programmmacher muss man sich eine unerschöpfliche Neugier bewahren«, sagt Klaus Eck, »sie ist letztendlich der Motor, der einen treibt.« Durch jahrzehntelange Erfahrung, internationale Vernetzung mit Kollegen, Autoren, Kritikern und Literaturagenten auf der einen und ein unerlässliches Fingerspitzengefühl für überzeugende Manuskripte auf der anderen Seite findet man im großen weltweiten Angebot mit viel Glück das richtige: Bei der Suche nach neuen Talenten folge er immer dem Kopf und dem Bauch. Beides stimmte sicher bei Jonathan Stroud.

Als 10-Jähriger las Stroud *Der Herr der Ringe,* was ihn sehr beeindruckte. Danach las er jahrelang viel Fantasy und Feengeschichten und entwickelte Fantasy Brett- und Kartenspiele. Stroud bewundert Stevensons *Schatzinsel,* weil es ein einfaches, aber unter der Oberfläche komplexes Buch sei, das sowohl Kinder als auch Erwachsene fasziniere. Wie Stevenson es mit Long John Silver macht, möchte auch Stroud mit seinen Protagonisten moralische Fragen, Aspekte von Gut und Böse aufzeigen und Figuren schaffen, die einerseits schlecht, andererseits anziehend sind. Dies sind nur einige wenige Elemente, die die Basis für *Bartimäus* bilden.

Jonathan Stroud wurde in Bedford geboren. Während er als Lektor für Kindersachbücher arbeitete, verfasste er bereits seine ersten eigenen Kinderbücher. Nachdem er seine ersten beiden Jugendbücher veröffentlicht hatte, beschloss er, sich ganz dem Schreiben zu widmen. Er wohnt mit seiner Frau Gina, einer Grafikerin und Illustratorin für Kinderbücher, und einer Tochter in St. Albans.

Jonathan Stroud: Bartimäus – Das Amulett von Samarkand. Aus dem Englischen von Katharina Orgaß und Gerald Jung, cbj 2004, 540 S., ab 8 J.

[1] *Soll heißen, auf mehreren* Bewusstseinsebenen. *Menschen bewältigen im Großen und Ganzen nur eine Bewusstseinsebene, unter der noch ein paar andere mehr oder weniger unbewusste herumrumoren. Hier ein Beispiel:* Ich *könnte ein Buch, in dem vier verschiedene Geschichten übereinander gedruckt sind, in einem Durchgang lesen.* Du *musst dich eben mit Fußnoten behelfen.*

Die Gewaltspirale aufhalten

2002
Celia Rees
Klassenspiel

»Ihr seid an allem schuld!«, schrie Lauren quer durchs Zimmer ihre Mutter an. »Du und Dad! Das alles wäre nicht passiert, wenn wir nicht hierher gezogen wären. Der Umzug war seine Idee und du hast nachgegeben. Ihr habt behauptet, dass alles ganz toll werden würde. Vor allem Dad hat uns dauernd davon vorgeschwärmt. Und seit wir hier sind, bekommen wir ihn überhaupt nicht mehr zu sehen. Er ist immer weg oder in Eile oder irgendwo unterwegs, und wenn er wirklich mal da ist, zofft ihr euch nur und hackt aufeinander rum. Das hasse ich! Ich will zurück. Ich will nach Hause, nach Australien. Du doch auch! Und wenn du jetzt sagst, dass du nicht zurückwillst, dann – dann bist du eine verlogene Heuchlerin!«

Lauren lehnte sich im Sessel zurück und verschränkte die Arme vor der Brust. Sie war kreidebleich im Gesicht. Sie wusste, dass sie zu weit gegangen war.

In ihrem fesselnden Mobbing-Roman, der in England bereits 1994 erschienen ist, schildert Celia Rees, wie es dazu kommen konnte, dass Lauren ihre Mutter verbal so heftig attackiert. Ein wiederkehrendes Muster überall auf der Welt, egal auf welcher Altersstufe, löst eine Kette von Konfliktsituationen aus: Ein

Neuankömmling wird von der eingesessenen Gemeinschaft abgelehnt. Angst vor Fremden und Vorurteile überwiegen die unvoreingenommene Neugier auf Unbekanntes.

Ein wenig Getuschel über die »Neue aus Australien«, eine fiese Stichelei über ihr Aussehen, ein verständnisloses Grinsen wegen ihrer Aussprache – so geht es los. Lauren hat Australien ungern verlassen. In England wird sie von den Schülerinnen und Schülern der siebten Klasse von Anfang an ausgegrenzt. Ob während des Unterrichts, in der Mittagspause oder auf dem Schulhof – niemand will etwas mit ihr zu tun haben. Als Folge davon zieht sie sich immer mehr zurück. Sie versucht, die Bösartigkeiten zu ignorieren. Doch die Schikanen, Anfeindungen und Gemeinheiten eskalieren.

Das »Bailey-Spiel« könnte jetzt von vorne beginnen (der Originaltitel lautet *The Bailey Game*). Sandi, die eingebildete Klassenschönheit, und Greg, Grobian und leidenschaftlicher BMX-Fahrer, führen eine Clique an, die Bridge Boys, die geschickt dafür sorgt, dass ihre Opfer schweigen und die Erwachsenen eher den Tätern vertrauen.

Protagonistin des Romans ist Alex. Sie hat schon einmal tatenlos zugeschaut, wie Kinder auf Kosten anderer stark erscheinen wollten. Wie so viele war sie eine Mitläuferin, die alles – vor allem die von den Bridge Boys ihrem Mitschüler Michael Bailey zugefügten Qualen – zugelassen hat. Alex hat deswegen Schuldgefühle und Albträume.

Michael Bailey, der Einzelgänger, wurde vor zwei Jahren zum Gespött der ganzen Schule, was beinahe mit Michaels Selbstmord geendet hätte. Michael wehrte sich nicht und konnte – das ist jeweils der heikelste und gefährlichste Punkt in solchen Situationen – mit niemandem darüber sprechen.

Sein Schweigen ermöglichte den Fortgang der Übergriffe. Auch Alex griff nicht ein. Was mit Hänseleien begann, steigerte sich zu Erpressung und Gewalt. Und nun droht es von neuem zu beginnen. Diesmal könnte Lauren das Opfer sein.

Alex versucht, sich der abweisenden Lauren zu nähern, was wegen der schroffen Art der Australierin nicht leicht fällt. Lauren lehnt Alex' Unterstützung zunächst ab. Doch zaghaft entsteht eine anfangs noch zerbrechliche Freundschaft. Als Alex versucht, den Rädelsführern und den kichernden Ja-Sagern der Klasse die Stirn zu bieten, steht sie selbst plötzlich im Abseits und wird zum Mobbing-Opfer. Unversehens wird wieder aus Spiel und Kinderstreit erschreckender Ernst. Greg droht damit, sich Laurens kleine Schwester vorzunehmen, falls Alex und Lauren nicht Schutzgeld bezahlen. Schritt für Schritt wird die Grausamkeit der Kinder deutlich. Unterdrückung, Erpressung und körperliche Übergriffe führen diesmal aber dazu, dass die beiden Mädchen gegen die Angreifer Front machen können, nachdem Alex ihre Mutter eingeschaltet hat.

Celia Rees schildert subtile Vorgänge, die zunächst neutral eingestellte Kinder zu Tätern oder zu Opfern machen. Erstaunlich schnell bildet sich eine Mehrheit von Mitläufern, die den aggressiven Rädelsführern folgen, manche Kinder versuchen, die Augen zu verschließen und sich aus dem Konflikt herauszuhalten, und nur eine kleine Minderheit mit ausgeprägtem Gerechtigkeitssinn begehrt gegen Gewalt und Diskriminierung auf.

Das Buch ist, verglichen mit ähnlichen Romanen, besonders auch für jüngere Kinder geeignet, für die solche Stoffe – so hervorragend geschrieben ohnehin – Mangelware sind. Dabei fehlt es nicht an drastischen Szenen. Alex schildert ihren

Freundinnen voller Grauen den sich scheinbar endlos in die Länge ziehenden Moment, als Michael am Brückenrand stand und die Bridge Boys »Spring, spring, spring!« riefen.

»… Dann kam ein Mann herbei. Er hielt Michael am anderen Arm fest, und zusammen mit ihm konnte Mr Derby ihn wieder hochziehen«, sagte sie. Damit war die Geschichte zu Ende; Alex brach unvermittelt ab.

»Dann war also alles wieder gut?«, fragte jemand.

Alex gab keine Antwort. War alles wieder gut? Sie sah vor sich, wie sie sich vorgebeugt und ihm die Hand hingehalten hatte. Den Ausdruck in seinen Augen konnte sie nicht beschreiben, obwohl sie sich genau daran erinnerte. Er hatte die schönsten Augen, die sie je gesehen hatte, groß und von einem strahlenden Schieferblau, das in Lila überging. Und ein entsetzliches Flehen lag in ihnen. Nicht um Rettung. Das war es nicht, was er wollte. Er flehte darum, dass sie ihren Griff lockerten, ihn abstürzen ließen. Dieser Ausdruck würde sie ihr Leben lang verfolgen. Und auch das Wissen um die Ursachen, die ihn so weit getrieben hatten.

Auf der vorletzten Seite des Romans erzählt Alex, wie sie nach zwei Jahren Michael Bailey zufällig wiedersieht: *»… Daran hab ich ihn erkannt.« Daran und an dem Blick, mit dem er sie ansah, als er sie erkannt hatte. Ein verhaltener, müder Blick, in dem Erschöpfung lag. Aber davon wollte sie Lauren nichts erzählen und auch nicht von der Scham, die sie empfunden hatte, als ihr klar wurde, dass sie die Auslöserin dieser Reaktion war.*

Rees verbindet die zwei Jahre zurückliegenden Ereignisse um Michael mit dem gegenwärtigen Geschehen. Die Autorin schildert ungewöhnlich genau die kaum wahrnehmbaren Abläufe der Lagerbildung und des Gruppenzwangs innerhalb einer Schulklasse. Es wird gezeigt, wie unauffällige Kinder zu Aufwieglern werden, nur um dazuzugehören.

Rees erzählt mit hohem Tempo: Eine Handlung jagt die nächste und beim Lesen hat man eher den Eindruck, hier habe eine großartige Erzählerin, die raffiniert aus wechselnden Perspektiven die Ereignisse betrachtet und gekonnt mit Vorahnungen arbeitet, einen Kinderkrimi und nicht etwa ein Problembuch geschrieben.

Das Happyend, das eher einem Wunschtraum, weniger der Realität nahe kommt, ist wegen der jungen Zielgruppe gerechtfertigt. Die Erfahrung zeigt zudem, dass es manchmal tatsächlich – wie in diesem Roman – genügt, die Rädelsführer zu trennen und in anderen Schulen unterzubringen, um den Rest der Klasse dank klärender Gespräche dauerhaft zur Vernunft zu bringen. *Klassenspiel* ist ein Psychogramm für Kinder in der Vorpubertät. Es regt zum Nachdenken an, weckt heftige Emotionen, weckt Wut und Lust, den Opfern im Roman und deshalb vielleicht später auch im Leben zu helfen und in ähnlichen Situationen frühzeitig einzugreifen.

Celia Rees lebt in England mit ihrem Mann und ihrer Tochter. Sie war Englischlehrerin, bevor sie sich ganz dem Schreiben widmete. Sie weiß, was in Klassenzimmern und auf Schulhöfen geschehen kann. Celia Rees ist begeisterte Krimileserin.

Celia Rees: Klassenspiel. Aus dem Englischen von Cornelia Krutz-Arnold, ars edition, 2002 / Carlsen 2005, 189 S., ab 10 J.

Erweiterung der Wahrnehmung

2002
Friedrich Ani
Wie Licht schmeckt

»Wenn du träumst«, sagte ich so leise wie möglich, »siehst du dann was oder bist du im Traum auch blind?«
Ewig langes Schweigen.
»Manchmal«, sagte sie, »sehe ich, manchmal nicht.«
Ich schwieg. Meist passte ich nicht so genau auf, was los war in meinem Schlaf, aber wenn ich überhaupt nichts sehen würde im Traum, das wäre fürchterlich.

Der Ich-Erzähler Lukas ist eher schüchtern, ein Außenseiter, der gerne Beckett liest. Lukas' Wunsch zum 14. Geburtstag: allein sein und ziellos durch die Großstadt stromern. *Alles, was ich wollte, war, drei Tage durch die Stadt zu kreisen, einfach so, wie Wladimir und Estragon auf ihrer Landstraße …* Gegen den Willen seiner Eltern (die Mutter esoterisch und weinerlich, der Vater verschwiegen und unzugänglich) reißt er aus und findet ein ersehntes Gefühl von Freiheit. Lukas tastet sich dabei an eigene Grenzen vor, und als er Sonja kennen lernt, erlebt er den Beginn seines Erwachsenwerdens.

Die drei Jahre ältere, blinde, aber selbstbewusste Sonja jobbt als Kellnerin. Sie erkennt die Gäste je nachdem, wie sich die Tür öffnet oder wie die Schritte klingen. Sonja sieht sich nicht als Behinderte *(ich lese auch, aber nicht aus Büchern),* ficht – im Gegensatz zum flüchtenden Lukas – Konflikte mit ihrer Mutter aus und bejaht das Leben.

Lukas ist ein im Grunde unsicherer Junge, der nicht recht weiß, wie er der aufrichtigen Sonja begegnen soll. Sie geht gern ins Kino (sic!), lädt Lukas ins Schwimmbad ein und zeigt ihm, was Zärtlichkeit bedeuten kann. Sie rettet ihn vor dem Ertrinken und ermöglicht ihm jenseits der Literatur eine sinnlichere Wahrnehmung der Welt. Er realisiert, dass sie zum Beispiel die Bedeutung eines Kinofilms besser versteht, dass sie ihre Umwelt einfühlsamer erlebt und dass sie im Gegensatz zu ihm *in der Wirklichkeit ist.* Und doch trägt sie eine Angst mit sich, die Lukas nur langsam entdeckt, um dann einen Weg zu suchen, Sonja von diesen Schatten zu befreien. Dazu fühlt er sich in ihr Leben ein und geht so weit, sich Verletzungen zuzuziehen, weil er mit geschlossenen Augen durch die Stadt wandelt. Die Liebe des Einzelgängers Lukas zu Sonja erwacht schön und schmerzvoll – auch weil er sich von seinem um sich selbst kreisenden Denken verabschiedet.

Es ist ein Geben und Nehmen. Immer öfter stellt sich die Frage, wer von den beiden mehr sieht, wer dem anderen mehr zu zeigen hat. Die Blinde schenkt dem Sehenden Empfindungen ungeahnter Sinnlichkeit, der Sehende der Blinden das Gefühl für Farben.

Beide – und mit ihnen die Leser – erweitern ihre Wahrnehmung zum Beispiel für die *sonnig-hellen* Momente des Glücks.

Friedrich Ani setzt die Gedankenwelt von Lukas und dessen Lebensbetrachtungen in eine besondere, mit Beckett'schem Klang geschriebene Prosa um. Anis Kunst besteht darin, eine anrührende Geschichte ohne Rührseligkeit zu erzählen. Nicht nur jungen Lesern, auch Erwachsenen gibt er damit die Möglichkeit, Impressionen des Alltags intensiver zu spüren und mit Behinderungen anderer Menschen besser umzugehen. Zudem unterhält der vielfach ausgezeichnete Drehbuchautor die Leser mit Dialogen voller Witz und wundervollen Bildern *(Sonne im Bauch, Wüste im Mund)* und nicht zuletzt mit der fesselnden Handlung, in deren Verlauf Lukas lernt, bewusster zu leben. Er sieht die Welt intensiver, wie mit anderen Augen, so dass er in der bewegenden, titelgebenden Szene Sonja zeigen kann, dass er sich verändert hat. Gleichzeitig legt Lukas damit die Grundlage für die Versöhnung mit den Eltern. Am Ende dieser brillant zwischen trüben Stimmungen und hoffnungsvollen Momenten changierenden und unvergleichlich eindringlichen Liebesgeschichte können sich die sehenden Leser vorstellen, wie für Blinde Licht schmeckt.

Friedrich Ani, geboren in Kochel am See 1959, lebt als Schriftsteller und Drehbuchautor in München. Für seine Arbeiten erhielt er zahlreiche Auszeichnungen, u.a. mehrfach den Deutschen Krimipreis. Im Hanser Verlag erschienen die Jugendromane *Durch die Nacht unbeirrt* (2000) und *Das unsichtbare Herz* (2005).

Friedrich Ani: Wie Licht schmeckt. Hanser 2002 / dtv-Reihe Hanser 2005, 189 S., ab 14 J.

Gegen die Verdrossenheit

2002
Karlhans Frank (Hrsg.)
Menschen sind Menschen. Überall.
P.E.N.-Autoren schreiben gegen Gewalt

Karlhans Frank ist Präsident der internationalen Autorenvereinigung KOGGE und Mitglied des P.E.N., dem »Bündnis gegen Rechts«. **P**oets, **E**ssayists und **N**ovelists engagieren sich seit ihrer Gründung weltweit gegen Gewalt: *Das ist kein gewöhnlicher Verein, in dem jeder Mitglied werden kann. Wer in den P.E.N. aufgenommen werden will, kann sich nicht selbst bewerben. Er muss vorgeschlagen und zugewählt werden, muss nicht nur als Autor anerkannt sein, sondern auch gegen Militarismus, Rassenhetze und Völkerhass sein, sich nachweislich für Frieden und Menschenrechte einsetzen …*, schreibt Frank im Vorwort des von ihm herausgegebenen Buches *Menschen sind Menschen. Überall.* Darin versammelt Frank Erzählungen, Gedichte, Parabeln, Satiren und sogar kurze Theaterstücke von deutschsprachigen P.E.N.-Autoren, die meisten von ihnen Belletristen, die sich hiermit erstmals – und manche letztmals – an ein junges Publikum wenden: Jürg Amann, Franz Josef Degenhardt, Werner Dürrson, Walter Helmut Fritz, Günter Grass, Gert Heidenreich, Christoph Hein, Hans Dieter Hüsch, Peter Rühmkorf, Said, Friedrich Schorlemmer, Johano Strasser u.a.

Weise Affen? … Einer verdeckt mit den Händen seine Augen, der zweite seine Ohren, der dritte hält sich den Mund zu … Was uns die berühmten Affen sagen sollen, ist nicht ganz klar … Wer aber zu viel weghört und übersieht, dem könnte Hören und Sehen vergehen. Wer zu lange schweigt, könnte mit allen seinen Lieben mundtot gemacht werden … Die Freiheit von anders Denkenden muss man schützen, denn jede gefährdete Freiheit ist eine Gefahr für die eigene Freiheit … Und manchmal reicht das Reden nicht aus, muss Handeln dazukommen. Erinnern, Sehen, Hören, Denken, Reden, Handeln – in dieser Folge sind die Texte in diesem Buch geordnet. Hier schreibt der engagierte und kämpferische Karlhans Frank, der mit seiner Anthologie nicht nur ein literarisch überzeugendes Lesebuch gegen Fremdenfeindlichkeit veröffentlicht, sondern auch ein aktuell gebliebenes Arbeitsmittel für die Schule. Die hier vertretenen und im literarischen Umgang mit Jugendlichen erfahrenen Kollegen (Peter Härtling, Frederik Hetmann, Dagmar Nick, Benno Pludra, Hermann Schulz, Arnulf Zitelmann u. a.) brauchen den Vergleich mit den Belletristik-Kollegen nicht zu scheuen.

Ob Chotjewitz' *Tragödie im Stil Schillers* (mit einem Schluss Brecht), Heys *Genehmigte Demonstration* oder Ludwigs *Asylsong* – fast alle Texte dieser umfangreichen und vielseitigen Anthologie verdichten sich in Franks *Gassenhauer: Wer heute nicht schreit, ist morgen so weit, ist morgen im Krieg, schreit dann Heil und Sieg.*

Karlhans Frank, geboren 1937 in Düsseldorf, ist freier Autor und Übersetzer und verfasst Lyrik, Prosa, Sachbücher, Hörspiele und Drehbücher für Kinder, Jugendliche und Erwachsene. Er wurde mit vielen Preisen ausgezeichnet und in mehrere Sprachen übersetzt.

Karlhans Frank (Hrsg.): Menschen sind Menschen. Überall. P.E.N-Autoren schreiben gegen Gewalt, cbt 2002, 192 S., ab 12 J.

Kichererbsen als unkontrollierte Fußbälle

2002
Nick Hornby, Javier Marias, Marcel Reif u. a.
Fußball. Wahre Leidenschaft

Gotthard Scholz, Leiter des kleinen Labels für Hörbücher »Tonkombinat«, ist mit seinen ungewöhnlichen CDs oft unterwegs in Buchhandlungen oder Literaturhäusern. Besonders beliebt bei Kindern ist das Programm *Fußball* aus der Reihe *Wahre Leidenschaft.* Gemeinsam mit dem Schauspieler Peter Lohmeyer *(Das Wunder von Bern)* liest er Fußball-Texte vor.

»Die CDs in der Hörbuchreihe ›Wahre Leidenschaft‹ sind eine Mischform aus Anthologie und literarischem Feature«, erklärt Scholz. Von Thema zu Thema sucht der Verleger und Regisseur nach dem idealen Tempo. Seine Produktionen zeichnen sich durch unkonventionelle Strukturen aus. Nicht das chronologische oder thematische Aneinanderhängen von Texten interessiert ihn. Scholz hat Spaß am Schneiden, am Zusammensetzen scheinbar unterschiedlicher Inhalte, am gedanklichen Ergebnis beim Kontrastieren verschiedener Mentalitäten. Auch die CD *Fußball* überzeugt durch Vielseitigkeit: Dribbling – Ballpendeln vor der Abwehrmauer – schicksalhafter Fingerzeig des Schiedsrichters – Angst vor dem Elfmeter – Fankultur – Jungs, die sich in Fußball verlieben wie später in Frauen, und als Höhepunkt der zappelnde Ball im Netz. Ein

Schiedsrichter, der fast die Pfeife verschluckt, als der Elfmeterschütze mitten im Lauf die Hose verliert, und ein Ball, der dem Stürmer gehorcht und dorthin rollt, wo der Spieler ihn haben will, bevor er ihn berührt. Die abwechslungsreichen und emotionsgeladenen Texte sind fast alle hörenswert. Es gibt aber auch Ausnahmen: *In Wirklichkeit sind wir der Milan* von Nanni Balestrini sollte man besser lesen: *Aber in Wirklichkeit sind wir der Milan, nicht die Spieler. Wer den Rhythmus des Spiels aufrecht erhält, sind wir …,* zitiert der Autor Nanni Balestrini einen Ultra-Fan des AC Mailand, einen Stadien-Dirigenten und -Trommler. Balestrinis Ich-Erzähler kommandiert Chöre und schreit bei jedem Spiel nahezu nonstop zwei Stunden. Sein Sprecher auf dieser CD, Atto Suttarp, hat jedoch eine jugendlich glatte Stimme – eine Fehlbesetzung. Wie angenehm dagegen Nina Petri, die die ernsten Texte Eduardo Galeanos intensiv spricht, oder Peter Lohmeyer, der Nick Hornby – zwischendurch heiser schreiend – vorträgt. An die abrupten Wechsel zum plaudernden Marcel Reif, dessen improvisierte Erinnerungen im Vergleich zu den anderen Textvorlagen eher enttäuschen, gewöhnt man sich im Verlauf der CD. Und schließlich glaubt man dem Fußballreporter, wenn er sagt: *Beim Fußball habe ich ein Spektrum von Heulen bis hysterisch Lachen. Das kann mir keine andere Unterhaltungsform bieten.*

Kichererbsen als unkontrollierte Fußbälle auf dem Holzfußboden – die Kindheitserinnerungen von Javier Marias, der mit seinem älteren Bruder Kronkorken statt Tipp-Kick-Figuren benutzt, gehören zu den Höhepunkten der CD, die ein akustisches Fußball-Universum darstellt. Das »Tonkombinat« plant für die Weltmeisterschaft 2006 eine Nachfolge-CD, die diese ersetzen soll. Egal, was Scholz sich ausdenkt, dieses Tondokument sollte in keiner Sammlung fehlen.

Nick Hornby, Javier Marias, Marcel Reif u.a.: Fußball. Wahre Leidenschaft, 1 CD, Tonkombinat 2002, ab 12 J.

Zwischen Peter Pan und Punk: Über diese Bücher geht's ins Leben

2002
Buch-Tipp von Katrin Maschke:
Jochen Till
Ohrensausen

München, nähe Wiener Platz: Wir sitzen in einem Café neben der für ihre Kundennähe und lesefördernden Aktionen mehrfach ausgezeichneten Buchhandlung Waldmann, wo Katrin Maschke seit drei Jahren die Kinderbuchabteilung mit großem Engagement betreut. Für das Gespräch hat sie mehrere Bücher und Chat-Ausdrucke von Jochen Tills Homepage mitgebracht.

»Levke aus Nähe Flens. Hi Claudi! Ja, ich hab Bauchlandung schon gelesen!!! Das ist echt hammer cool das Buch, aber mein Lieblingsbuch ist Ohrensausen:)!!!!!!«

»KathaRina aus Herrenberg. Ola! Schön, dass es noch Autoren gibt, die nicht zwanghaft irgendeine ›Botschaft‹ (wie es unsere Lehrer gerne nennen) dem Leser / Jugendlichen vermitteln wollen, sondern einfach lebensnah und unterhaltsam eine Geschichte erzählen.«

Mehrere Seiten lang reihen sich Lob und Begeisterung aneinander. Auch Katrin Maschke vermittelt eine besondere Euphorie für Jochen Till. Sie kann sich kaum zwischen *Bauchlandung* und *Ohrensausen* entscheiden. Da der »abstürzende

Held« schon 19 ist, entscheiden wir uns für den jüngeren Ich-Erzähler Danny aus *Ohrensausen,* der – wie Till selbst – Schlagzeuger ist. Katrin Maschke schafft es, das Buch in zwei Sätzen zusammenzufassen: »Danny ist heimlich in Clarissa verliebt, doch kurz bevor seine Punkband ihren ersten Auftritt hat, taucht Vinnie, Dannys bester Freund und Sänger der Band, mit Clarissa auf. Danny findet, dass Vinnie, der in letzter Zeit unzuverlässig geworden ist und mit Glatzen rumhängt, Clarissa nicht verdient hat – Happyend.«

Aufmerksam wurde sie auf den Autor mit der Elvis-Costello-Brille und der Tim-(und-Struppi)-Frisur durch die Nominierung zum Deutschen Jugendliteraturpreis. Daraufhin hat Katrin Maschke alle Bücher Tills in nur 14 Tagen gelesen und mehrere öffentliche Auftritte mit ihm organisiert. Katrin Maschke erzählt von Schülern, die Plakate für die Till-Veranstaltungen malen, von Hunderten von Kids, die bis zur letzten Reihe gebannt lauschen und nach eineinhalb Stunden betteln: »Bitte, bleib noch!« Manchmal kreischt während der Lesung eine Schülergruppe auf, weil sie in der Geschichte »ihren Lehrer wiedererkannt« hat.

Till selbst habe seit klein auf einen kleinen Stolperer beim Sprechen, so Maschke, die schon viele Autoren erlebt hat, die »nicht lesen können, es aber trotzdem tun«. Deshalb habe Till sich auch lange geweigert, auf Lesetour zu gehen. Inzwischen hat er einen Modus gefunden, bei dem oft mehrere Schauspieler seine Texte lesen und er lediglich moderiert und diskutiert. Diese Multimedia-Inszenierungen seien sichere Erfolge für jeden Veranstalter, so die erfahrene Sortimenterin. Für die Gespräche nach den Lesungen könne man gar nicht genug Zeit einplanen.

Katrin Maschke vergleicht Tills Texte mit neueren Adoleszenzromanen, »die im Rausch alles stürzen lassen, die nur sprachliche Reflexe auf eine gefühlte Welt ohne Realitäten sind und Sinn- und Orientierungslosigkeit darstellen wie beispielsweise bei Dorota Maslowska«. Katrin Maschke hebt Till auch von der älteren Art Adoleszenzroman ab, dem ernst zu nehmenden Problembuch, wie es beispielsweise von Christiane F. geprägt wurde, worin ein unerhörtes Ereignis sprachlich gradlinig und streng bis zu einem Grad erzählt wird, der kaum noch auszuhalten ist. Dagegen Jochen Till, der ein Spannungsverhältnis herstellt, indem er aufrichtig, einfach und ehrlich den täglichen Umgang der Jugendlichen miteinander schildert und diese Leichtigkeit mit pubertärer Traurigkeit untermalt. Das liege irgendwo zwischen Peter Pan und Punk, sagte Katrin Maschke. »Über Tills Bücher geht's sich besser ins Leben. Die Jugendlichen können unbeschwert anfangen, sich mit dem Erwachsensein auseinanderzusetzen.« Sie verweist darauf, dass Till sehr wohl Elemente des herkömmlichen Adoleszenzromans bewahrt, insbesondere die Darstellung der Ziellosigkeit Jugendlicher, diese jedoch fortführt in eine Orientierungssuche. »Jugendliche wollen erwachsen werden!«, sagt Katrin Maschke und schildert Tills Protagonisten als Staunende, Stolpernde und Rudernde.

»Till bietet keine Moral an«, sagt Katrin Maschke. In seinen Erfahrungsromanen fehle das unerhörte Ereignis. Bei Till liege die »Brisanz in der Banalität«. Die Themen der Adoleszenzromane seien aber auch bei Till da: Magersucht, Übergewicht, Alkohol, Zigaretten, Drogen, Sex usw., aber Till baue diese Themen nicht unnötig aus. Auch bei der Charakterisierung der Figuren schreibe er »nur so viel wie unbedingt nötig«

und lasse den Lesern viel Platz, um Situationen und Typen selbst auszuschmücken. Aus den Ereignissen mache Till keine Katastrophen, biete lediglich eine Basis von Grundwerten für das menschliche Miteinander.

Harmlos ist Till deswegen nicht, aber seine Jugendbuchvorlage sind manchmal vielleicht etwas zu korrekt. Deshalb hat der Autor auf seiner Homepage die Rubrik »Writer's Cut« eingerichtet. Darin sind Passagen nachzulesen, die den Verlagslektoren zum Opfer gefallen sind: »Wie bei Filmen gibt es bei Büchern auch Szenen, die im Laufe der Entwicklung geändert, gekürzt oder ganz herausgenommen werden. Das geschieht größtenteils zum Wohle des Ganzen und mit Zustimmung des Autors. Diese Szenen müssen deswegen nicht schlechter als andere sein; sie haben vielleicht nur nicht ganz ins Gesamtbild gepasst oder das Tempo gestört. Hier bietet

sich mir nun die Gelegenheit, diese Szenen trotzdem zu veröffentlichen, was ich sehr gerne mache, denn sie vervollständigen somit meine Bücher, geben teilweise einen tieferen Einblick in die Charaktere und die Handlung und schließlich habe ich sie ja irgendwann einmal geschrieben, damit sie gelesen werden«, berichtet Till auf seiner Website. Bei *Ohrensausen* wurde die Szene in der Schule mit den Durchsagen des Direktors (Seite 165) zum Lektoratsopfer.

»Entscheidend anders ist hier, dass Vinnie dem Direktor nicht das Auto zerkratzt hat, sondern … Aber lest selbst:

›Fünf Aufgaben, neunzig Minuten Zeit, keine Minute länger, meine Damen und Herren. Das Blatt wird erst umgedreht, wenn ich es sage, Kleinschmidt.‹

›Warum? Stehen jetzt noch die Antworten drauf?‹

›Sehr witzig, Kleinschmidt. Wenn Sie heute versagen, bleibt Ihnen immer noch eine Karriere als Komiker.‹

›Aber Herr Knipfer! Ich würde Ihnen doch nie den Job wegnehmen!‹

›Ja, ja, genug gelacht, Kleinschmidt. Hat jeder ein Blatt? Dann drehen Sie es bitte jetzt um. Falls irgendetwas unklar ist, kommen Sie bitte leise zu mir nach vorne und fragen mich. An die Arbeit!‹

Okay, los geht's, konzentrier dich, Danny. Ich lese mir die Aufgaben durch. Vier davon scheinen lösbar, mit der fünften kann ich auf den ersten Blick null anfangen. Aber ich brauche ja schließlich nur fünf Punkte, also tue ich einfach so, als gäbe es nur vier Aufgaben. Du schaffst das, Danny, kein Problem.

›ACHTUNG, ACHTUNG! ES FOLGT EINE WICHTIGE DURCHSAGE AN ALLE SCHÜLER!‹

Oh, Mann, muss das jetzt sein? Ich versuche hier gerade mein Abi zu retten, verdammt! Das ist die Sandmann aus dem Sekretariat, und sie klingt wie Darth Vader nach drei Päckchen Kippen. Die Lautsprecheranlage hier hat wahrscheinlich noch Edison persönlich eingebaut.

›HERR DIREKTOR?‹

›JA, WAS DENN?‹

›IHRE DURCHSAGE!‹

›ACH SO, JA, GEBEN SIE HER.‹

Der auch noch. Na klasse.

›ALSO, JETZT HÖRT MIR MAL GUT ZU, IHR DRECK-SCHWEINE! WENN …‹

Ein Rauschen, ein Knacken, jemand versucht, ihm das Mikro wegzunehmen.

›ABER, HERR DIREKTOR! SIE KÖNNEN DOCH NICHT …‹

›UND OB ICH KANN, SANDMÄNNCHEN! JETZT LASSEN SIE DOCH DIESES DING ENDLICH LOS!‹

Ein dumpfes Poltern, ein grelles Fiepen.

›NA ALSO! HALLO? IST DAS NOCH AN? KANN MICH DIESES ASOZIALE PACK DA DRAUSSEN NOCH HÖREN, SANDMÄNNCHEN? JA? SEHR GUT! HALLO? AUFGEPASST, DA DRAUßEN! MEINE WERKSTATT HAT MICH GERADE ANGERUFEN, UND EINER VON EUCH MISTSCHWEINEN HAT MIR IN DEN KOFFERRAUM GESCH…MPH …MPH …‹

Ja, so war das ursprünglich. Aber der Verlag meinte, das wäre zu krass, diese ganzen Fäkalien wären doch nun wirklich nicht nötig, und so weiter. Ich dachte einfach, er müsste etwas wirklich Hartes bringen, so dass der Direktor richtig austickt, deswegen Vinnies' Fäkalien im Kofferraum.«

Katrin Maschke begeistert sich für Tills Dialoge, die Situationskomik und den manchmal melancholischen, manchmal rotzig frechen Jugendjargon, der von den Lesern mit »genau so sprechen wir« kommentiert wird. »Till beschreibt dialogisch. Seine Romanfiguren outen sich durch Selbstdarstellung, nicht durch Schilderungen.« Auch das Fehlen eines äußeren Erzählers lobt Katrin Maschke, und die intensiven inneren Monologe, in die oft Autobiographisches einfließe. »Tills Thema ist die männliche Lebenswelt – Freundschaft, Liebe, Eifersucht. Das fasziniert auch Mädchen und Frauen.«

Wir unterhalten uns noch über Auswahllisten und über den Umgang der Buchhändler mit Lektüretipps in Buchform. Katrin Maschke überfliegt den Inhalt von *Lies doch mal!* und freut sich. »Mein absolutes Lieblingsbuch der letzten zehn Jahre ist Alois Prinz' Meinhof-Biographie. Ja, das sind hier fast alles Bücher, bei denen ich mehrfach und direkt die Erfahrung gemacht habe, dass sie gut bei der Zielgruppe ankommen. Beste Bücher sind aber immer solche, die von Kids und Jugendlichen selbst gefunden werden. Man muss Mittel und Wege finden, den guten Lesestoff an sie zu bringen. Beste Bücher sind auch solche, die dazu führen, dass Bücher derselben Autoren oder ähnliche Bücher nachgefordert werden. Jochen Tills *Ohrensausen* ist auch ein sehr gutes Beispiel dafür.«

Jochen Till wurde 1966 in Frankfurt geboren. Eigentlich wollte er Rockstar werden, doch jetzt schreibt er Romane für Jugendliche und Erwachsene. Neben seiner Tätigkeit als Autor legt Till am Wochenende in seiner Lieblingskneipe Musik auf. Bei seinen Hobbys dreht sich alles um Musik, Filme, Comics und Bücher und das Schreiben. *Ohrensausen* stand auf der Auswahlliste zum Deutschen Jugendliteraturpreis.

Jochen Till: Ohrensausen. Ravensburger 2002, 255 S., ab 12 J.
Lesenswert: www.jochentill.de

Mit Wörtern Bilder malen

2003
Sharon Creech
Der beste Hund der Welt

Ich will nicht.
Jungs schreiben
keine Gedichte.

Die ersten Zeilen dieses kurzen Gedanken- und Briefromans mit nur einem Absender und ohne direkte Rede definieren die innere Zerrissenheit des Schülers Jack auf klassisch-griechische Weise, denn das Paradoxon des Epimenides kann hier mitgedacht werden: Die Aussage »Ein Kreter behauptet ›Alle Kreter lügen‹« führt ebenso ad absurdum wie die oben zitierten Sätze, die in Versform und von einem Jungen verfasst sind, Sätze, die – wie später im Buch bewiesen wird – selbst bereits ein Gedicht sind.

Jack richtet seine lyrischen Statements an seine Lehrerin Miss Stretchberry. Die Geschichte beginnt im September und endet im Juni. Anfänglich wehrt sich Jack wie jeder »normale Junge« gegen Gedichte. Jack und seine Kameraden sollen aber versuchen, selbst Gedichte zu schreiben. Jack notiert:

Hab's probiert.
Geht nicht.
Kopf leer.

Auch hier widerspricht sich Jack: Seine Behauptung liefert ihren eigenen Gegenbeweis, denn in Wirklichkeit sind diese drei Zeilen selbst schon ein Gedicht. Ohne dass die Lehrerin direkt in Erscheinung tritt, wird in Jacks Äußerungen klar, wie geschickt sie ihren Schüler lenkt. Der widerspenstige Junge merkt nicht, dass er widerstrebend längst auf dem besten Wege ist, zu den Geheimnissen der Poesie vorzudringen. Die Leser treten mit Jack diese wundervolle Reise ins Innere lyrischer Sprache an, zunächst vor allem lachend und kopfschüttelnd, später zunehmend gerührt wegen des Dramas, das sich hinter den einfachen Worten abspielt. Hierbei führt Jack die Lehrerin ebenso in die Irre wie Creech ihre Leser. Auf Seite 11 wird Williams Carlos Williams zitiert:

So viel hängt
ab von

einer roten Schub-
karre,

glänzend vom Regen-
wasser,

neben den weißen
Hühnern.

Was sollen Miss Stretchberrys Schüler damit anfangen? Jack formuliert den Protest. Er verstehe das Gedicht nicht. Wenn das ein Gedicht sei, könnten alle Wörter ein Gedicht sein, man müsse nur kurze Zeilen machen. Jack versucht es dann aber doch, nimmt der Lehrerin das Versprechen ab, seinen eigenen Text nicht vorzulesen und nicht ans Brett zu hängen, und dichtet:

So viel hängt ab
von einem
blauen Auto,
bespritzt mit Dreck
rast es die Straße runter.

Der Schubkarren-Typ schreibe auch nicht, warum so viel davon abhänge, wehrt sich Jack gegen Miss Stretchberrys Nachfrage. Sharon Creech führt anhand von Jacks Auto-Zeilen brillant vor, wie ein Junge lernt, dank Sprache mit einem bislang verdrängten Schmerz besser umzugehen. Indem Jack sich mit einem für ihn traumatischen Erlebnis – dem Tod seines Hundes – auseinandersetzt, gewinnt er auch neues Selbstvertrauen: Sein Schreibeifer erwacht und letztlich hört er auf seine innere Stimme, fasst seine Liebe und seine Trauer in Worte und kann selbst (Miss Stretchberry und die Leser tun dies schon längst) die Berechtigung seiner Texte anerkennen. Doch damit nicht genug: Creech versteht es, ohne auch nur einen lehrerhaften und theoretisierenden Satz zu äußern, den Lesern auf unvergessliche Art zu demonstrieren, wodurch sich ein gutes Gedicht auszeichnet und wie sehr es auch vom Leser abhängt, wie viel ein lyrischer Text jedem Einzelnen wirklich bedeuten kann. Creech lädt im Lauf der Ereignisse unmerklich die Zeilen vom blauen Auto mit Sinn auf. Erst am Ende versteht der Leser den Auto-Text und wird ihn wohl nie wieder vergessen (im Gegensatz zu Williams' Schubkarre, sofern Kinder dieser ohne Creechs Hilfe begegnen). Zudem öffnet dieses Buch wie kein anderes den Intellekt der Leser für Lyrik und garantiert eine verfeinerte Wahrnehmung für sprachliche Nuancen. Das Wunder: Creech packt diesen kostbaren Effekt in eine kurzweilige, höchst humorvolle und doch auch dramatisch-traurige Geschichte. Für das gute Ende sorgt der Autor Walter Dean Myers, der zu einer Lesung in Jacks Klasse kommt. (Von Myers sind leider nicht die Gedichte, aber zwei empfehlenswerte Jugendromane auf Deutsch lieferbar.) Es gibt nichts Inspirierenderes als Jacks Geschichte, um Kinder auf Lyrik einzustimmen. Allen Lehrern sei dringend empfohlen, bevor es ans pädagogisch-lyrisch Eingemachte geht, mit ihren Schülern *Der beste Hund der Welt* zu lesen.

Sharon Creech lebt nach mehreren Jahren in England wieder in den USA. Sie schreibt Romane, Theaterstücke und Gedichte für Kinder und Erwachsene. Für ihren Roman *Salamancas Reise* erhielt sie die Newbery Medal, den wichtigsten amerikanischen Kinder- und Jugendbuchpreis. Für *Der weite Weg nach Hause* wurde sie mit der Carnegie Medal 2002 ausgezeichnet.

Sharon Creech: Der beste Hund der Welt. Aus dem Amerikanischen von Adelheid Zöfel. Mit Bildern von Rotraut Susanne Berner. Fischer Schatzinsel 2003. 96 S., ab 8 J.

Freie Speicherkapazität

2003
Mark Haddon
Supergute Tage oder
Die sonderbare Welt des Christopher Boone

Und manchmal, wenn ich an einen neuen Ort mit vielen Leuten komme, ist es wie bei einem Computercrash, und ich muss die Augen schließen und die Hände auf die Ohren pressen und vor mich hin stöhnen, und das ist dann, als würde ich ***Strg + Alt + Entf*** *drücken, alle Programme schließen, den Computer herunterfahren und wieder neu booten, damit ich mich wieder erinnern kann, was ich tue und wo ich hin soll.*

Und das ist der Grund, warum ich so gut in Schach und Mathe und Logik bin, denn die meisten Leute sind beinahe blind und sehen die meisten Dinge nicht, und in ihren Köpfen gibt es viel freie Speicherkapazität, die mit zusammenhanglosen und albernen Dingen ausgefüllt ist.

So spricht Christopher Boone, ein 15-jähriger Schüler, der am Asperger-Syndrom, einer abgeschwächten Form des Autismus leidet. Christopher lebt mit seinem allein erziehenden Vater, der ihm erzählt hat, Christophers Mutter sei vor zwei Jahren gestorben. Der Junge ist hypersensibel, hochintelligent und ein Mathe-Ass. Doch er versteht wenig von den komplizierten menschlichen Gefühlen. Seine Umwelt ist ihm fremder als die Welt der Primzahlen. Ironie, Metaphern und Witze bleiben ihm meist ebenso fremd wie die Mimik der Menschen oder ihr Wunsch nach Berührung, nach Zärtlichkeit. Christopher sieht die Welt mit anderen Augen und berichtet darüber konsequent aus seiner Perspektive, der Sichtweise eines streng logisch denkenden Menschen.

Zu Beginn ereignet sich ein Mord. Ein mit einer Mistgabel erstochener Pudel ist für Christopher der Auslöser, den Fall aufzulösen und einen Kriminalroman – das vorliegende Buch – zu schreiben, das gleichzeitig Familiendrama und Seelenporträt eines Kranken ist, der oft viel gesünder, vernünftiger und normaler ist als die ihn umgebenden Erwachsenen. Wie sein Vorbild Sherlock Holmes sieht der Jungdetektiv, was andere nicht sehen. Doch um mit den Ermittlungen voranzukommen, muss Christopher seine kleine, streng geregelte Welt verlassen. Das macht dem jungen Ich-Erzähler einerseits Angst, andererseits beflügelt ihn jeder kleine Etappensieg. Christopher setzt seine messerscharfe Logik ein, baut Ketten von Vermutungen, zieht mögliche Schlussfolgerungen und demonstriert damit ungeahnte Qualitäten als Ermittler. Zudem lernt er, den menschlichen Verstand und menschliche Gefühle als Rätsel aufzufassen, und das hilft ihm, denn bei jedem Rätsel gibt es einen Lösungsweg – wie in der Mathematik.

Als sein Vater ihm weitere Nachforschungen verbietet, gerät er in einen Gewissenskonflikt. Doch Christophers Gerechtigkeits- und Wahrheitsliebe treiben ihn weiter. Seine Recherchen bringen die sorgsam gehüteten Geheimnisse des Vaters ans Licht, die er dem Sohn aus falscher Rücksichtnahme verschwiegen hat: Christopher findet Briefe seiner angeblich verstorbenen Mutter – eine Entdeckung, die dem zweiten Teil des

Romans zusätzlich Spannung und Dramatik verleiht, denn nun gilt es zwei Rätsel zu lösen: ein kriminalistisches Rätsel, der Tod des Hundes, und ein menschliches, das Verschwinden der Mutter.

Christopher weiß, dass er mit eine Ursache dafür war, dass seine Eltern sich oft stritten, aber er ahnt noch nicht, dass seine Mutter mit dem Nachbarn, ihrem Liebhaber, nach London gezogen ist. Christophers analytischer Verstand, gepaart mit mangelnder Lebenserfahrung, führt dazu, dass der Leser dem Jungen meistens einen Schritt voraus ist und bei der Innensicht von Christophers Welt die Liebenswürdigkeit eines geistig leicht Behinderten ebenso erkennt wie die nervenaufreibenden, manchmal kaum zu bewältigenden Probleme für die Erzieher. Dabei wird deutlich, wie wichtig Geduld und Respekt im Umgang mit Kindern sind.

Von seiner wichtigsten Bezugsperson, seinem Vater, wurde Christopher belogen und betrogen. Deshalb ist dies auch der Roman eines Jungen, der die Fassaden der Erwachsenen durchschaut, der lernt, sich nicht mehr hinter das Licht führen zu lassen, und gegen die Verlogenheit der »normalen« Menschen rebelliert. Es ist ein harter, spannender und manchmal gnadenloser Kampf, in dem Christopher bis an seine äußersten Leistungsgrenzen gehen muss.

Supergute Tage ist ungewöhnlich poetisch und zugleich gedanklich extrem exakt. Fast auf jeder Seite lernt man logischer denken (der *Doppelbluff!*), lernt sprachliche Sachverhalte (rhetorische Fragen, Metaphern usw.) oder erfährt, dass die Sherlock-Holmes-Mütze von Doyle nie erwähnt oder beschrieben wurde. Christopher schreibt zwar: *Dies ist kein lustiges Buch. Ich kann keine Witze erzählen, weil ich sie nicht verstehe.* Trotzdem und gerade deshalb ist es ein tragikomischer, rührender und witziger Roman, der ganz ohne Mitleid heischende Betroffenheitsformulierungen auskommt. In klarem und schönem Erzählton vereint Christopher wichtige Eigenschaften guter Schriftsteller: hohe Sensibilität und exakte Beobachtungsgabe. Dabei wächst er als Autor (Haddon im Hintergrund verschwindet hinter seinem Protagonisten) und als Detektiv über sich hinaus. Der Mord am Nachbarshund wird aufgeklärt und Christopher ist nicht nur deswegen stolz auf sich: Seine Welt endet nun nicht mehr am Ende der Straße. Er hat seine Angst überwunden, ist alleine nach London gefahren und hat mit 15 Jahren und als Erster an seiner Schule die Abiturprüfung in Mathe abgelegt – mit Eins: viele Gründe, um einen Teil der freien Speicherkapazität Jugendlicher mit diesem Buch zu füllen.

Mark Haddon lebt in Oxford. Er schrieb bisher 15 Kinderbücher; für seine Drehbücher wurde er zweimal mit dem BAFTA-Preis ausgezeichnet. Mark Haddon hat lange mit Behinderten gearbeitet. *Supergute Tage* ist sein erster Roman. Er erhielt zahlreiche literarische Auszeichnungen, u. a. den Whitbread Book of the Year 2003.

Mark Haddon: Supergute Tage oder Die sonderbare Welt des Christopher Boone. Aus dem Englischen von Sabine Hübner. Blessing 2003, 284 S., ab 12 J.

Spacekracher

2003
Franziska Biermann / Antje von Stemm
www.ollos-welt.de

Spacekracher heißt die neueste Erfindung der Knabberindustrie. Die würzigen Hefekracher bestehen fast zu 90 % aus Fresspulver, und wer ihnen einmal verfallen ist, der muss die Dinger knuspern, bis es kracht.

Spacekracher sind ein winziger Bestandteil von Ollos Welt, einem gesamtkünstlerisch berauschenden Universum für Leser und Surfer. Ollo ist ein 10-jähriger Junge mit runder Nickelbrille, ein Forscher und Vielschreiber, ein EMGAP (Erfinder modernster Gerätschaften aus Papier), der sich im Jahr 2035 allerhand pfiffige Gedanken macht über seine Schwestern Ariane 1 und Ariane 2 und seinen rothaarigen Vater, ebenfalls Erfinder, oder über seine blauhaarige Mutter, Chefdesignerin. Ollo demonstriert für den Tierschutz, beschäftigt sich mit Schikanemanagern und Alleshörern und führt über seine skurrilen Entdeckungen und betörenden Erfahrungen ein öffentliches, intergalaktisches Tagebuch, das man auch auf seiner Webseite lesen kann. Ob Ollos erstes Date oder Ollos Schildkröte Lotus-Elsa, die in seinen Rucksack pinkelt, alles wird über 52 Wochen hinweg mit Präzision und Humor verzeichnet.

Außergewöhnlich ist Ollos Welt auch wegen ihres Bastelcharakters. Die Leser können den Text mit unzähligen Klebebildchen – ob Love-Ring oder Lesezeichen mit Einhängerfunktion – ergänzen und sich bei Bedarf online weiteren Stoff besorgen, um ihn zu schneiden, zu lochen, zu knicken und zu kleben. So geht es hin und her in Ollos innovativer Welt zwischen Internet und Buchseiten. Für Fortsetzungen und Varianten dieser medienübergreifenden Idee besteht eine große potenzielle Fangemeinde, die nur darauf wartet, neue Welten zu entdecken.

Franziska Biermann und **Antje von Stemm**, beide Jahrgang 1970, lernten sich während ihres Studiums an der Hamburger Fachhochschule für Gestaltung kennen. Sie arbeiteten bei Rüdiger Stoye, dem Lehrstuhlinhaber im Bereich Kinderbuch-Illustration. 2000 starteten sie ihre Firma »brillante töchter«, in der sie im Bereich Grafik, Webdesign und Textgestaltung kooperieren.

Franziska Biermann / Antje von Stemm: www.ollos-welt.de. Gerstenberg 2003, 136 S. plus 20 Bastelbogen-Seiten, ab 10 J.

Vergesst den Quatsch, den euch eure Eltern erzählen

2003
William Goldman
Die Brautprinzessin

Ich bin's. Alle Kommentare und Anmerkungen zur Kürzung werden rot gedruckt, damit Sie's sehen. Wenn ich zu Anfang gesagt habe, ich hätte dieses Buch nie gelesen, so ist das die Wahrheit. Mein Vater hatte es mir vorgelesen, und als ich die Kurzfassung machte, habe ich es nur schnell überflogen und ganze Abschnitte gestrichen; sonst habe ich alles so gelassen, wie es bei Morgenstern steht.

Gibt es eine bessere Begründung, um zur Hörbuchfassung zu greifen? Nebenbei bemerkt: Bela B., der Gründer der Band *Die Ärzte,* und Jochen Malmsheimer, Kabarettist, legen den Hörern diese Aufnahme in Liebe und Leidenschaft zu Ohren. Aber worum geht's überhaupt? Bei *Die Brautprinzessin* handelt es sich einerseits um ein weit verbreitetes Kultbuch, andererseits hat es seine eigentliche Zielgruppe – die Kinder – hierzulande verfehlt. Nur wenige Fans und Jugendbuchexperten kennen Simon Morgensterns klassische Erzählung von wahrer Liebe und edlen Abenteuern. *Die Brautprinzessin,* egal ob als Buch oder als Hörerlebnis, bietet Kindern ab 10 Jahren literarischere Finessen und bewegendere Erkenntnisse als

Harry Potter und *Artemis Fowl* zusammen. Oder wie es Campino von den *Toten Hosen* sagt: »… da steht alles drin, was man über Liebe, Leidenschaft und Sehnsucht wissen muss. Wer das Buch nicht mag, ist nichts für mich.« Aber welches Buch ist gemeint?

Das erzählende Ich im Eingangszitat ist der als Kinderbuchautor gänzlich unbekannte, aber als Drehbuchautor vielfach ausgezeichnete William Goldman. In der Einleitung stellt er sich als Herausgeber des Buches *Die Brautprinzessin* eines gewissen Simon Morgenstern vor. Goldman berichtet von der Suche in Antiquariaten nach der *Brautprinzessin*, dem Traumbuch seiner Kindheit. Sein Vater habe ihm daraus vorgelesen, als William ein kleiner Junge war, so alt etwa wie Williams Sohn jetzt. Seinem übergewichtigen und lesefaulen Sohn möchte William nun *Die Brautprinzessin* schenken, damit dieser auch in den Genuss dieses packenden und unvergesslichen Romans komme, der die spannendsten Stoffe der Weltliteratur – von den drei Musketieren und dem Grafen von Monte Cristo über Ivanhoe und Frankenstein bis hin zum Herrn der Ringe oder zur Schatzinsel – in sich vereint.

Bücher, die damit beginnen, dass verschwundene oder verlorene Bücher gefunden und wiederentdeckt werden, üben nicht selten eine besondere Faszination auf ihre Leser aus, ob es sich nun um Michael Endes *Unendliche Geschichte* oder Carlos Ruiz Zafóns *Im Schatten des Windes* handelt. Nur gilt es zu bedenken, dass *Die Brautprinzessin* bereits 1973 verfasst wurde (genau betrachtet hat Simon Morgenstern das nationale Meisterwerk seines Heimatlandes Florin – einer Mischung aus Burgund, Flandern und Nirgendwo – offenbar schon im Mittelalter geschrieben), also vor Ende und Zafón und es ist davon auszugehen, dass beide Goldmans *Brautprinzessin* kannten, bevor sie ihre Romane schrieben.

Einleitend erinnert sich der Ich-Erzähler Goldman an seine Kindheit, als ihm sein Vater *Die Brautprinzessin* vorlas. Dieses Buch – das Goldman als Junge nie in Händen hielt – begeisterte Goldman für Literatur. Als er es seinem Sohn schenkt, kann dieser nichts damit anfangen. Daher beginnt Goldman erstmals als Erwachsener selbst mit der Lektüre und bemerkt, dass ihm sein Vater offenbar nur die spannenden Passagen vorgelesen hatte. Also beschließt Goldman, es zu kürzen. Nach dieser Einleitung beginnt das Buch im Buch: *Die Brautprinzessin – S. Morgensterns klassische Erzählungen von wahrer Liebe und edlen Abenteuern – Die Ausgabe der »spannenden Teile« – Gekürzt und bearbeitet von William Goldman,* worin das fantastische Wechselspiel zwischen Goldman-der-Autor und Goldman-der-Herausgeber fortgesetzt wird. Goldman spielt virtuos mit den Irritationen der Leser. Die Entstehung des Buches, die Editionsfiktion wird laufend kommentiert, ohne dass die Spannung nachlässt. Vor allem Jungen finden hier alles, was ihr Herz begehrt: »Fechten, Ringkämpfe, Folter, Gift, wahre Liebe, Hass, Rache, Riesen, Jäger, böse Menschen, gute Menschen, bildschöne Damen, Schlangen, Spinnen, wilde Tiere, Schmerzen, Tod, tapfere Männer, feige Männer, bärenstarke Männer, Verfolgungsjagden, Fluchten, Lügen, Wahrheiten, Leidenschaften, Wunder«, wie Goldman selbst zusammenfasst. Aber auch Fantasy-Ingredienzien wie Schneesand, Feuersümpfe oder die Furcht erregenden Niufs (überdimensionierte Nagetiere) sorgen für Action in diesem Märchen, das mit milder Ironie und scharfem Witz die Irrungen der schönsten Frau von Florin, einer

Bauerntochter namens Butterblume erzählt. Das Mädchen verliert früh ihren Angebeteten, wird mehrfach von einem bösen Prinzen entführt und mehrfach von einem armen Burschen befreit. Die Geschichte ist hochdramatisch und spannend und Butterblumes Liebeswirren gehen dem Leser zu Herzen. Mehr wird hier nicht verraten. Fest steht aber, dass die Leser Goldmans karikierenden Stil, den Kino-Kitsch und die Klischees zu schätzen wissen, die bewusst eingesetzt werden, um komische Effekte zu erzielen. Literarische Respektlosigkeit, Witz und Intelligenz prägen diesen Roman. Wer die Rahmenhandlung scheut, der überspringe einfach nur die erste CD bzw. das erste Kapitel.

1977 erstmals auf Deutsch (in der Fantasy-Ecke von Hobbit-Press) erschienen, wurde *Die Brautprinzessin* von der seriösen Literaturkritik und von der Kinderliteraturkritik fast vollkommen ignoriert. Vielleicht lag das an den Rahmenhandlungen (siehe erweiterte Neuausgabe, dt. 2002) und an Goldmans Unterbrechungen seiner eigenen Editionsarbeit, an seinen Gedanken beim Bearbeiten des »Urtextes«. Goldman schaltet sich in die Handlung (*Ich bin's wieder …*) ein, spricht die Leser und mögliche Einwände der Kritik, der Literaturwissenschaft an, reflektiert den Roman und veröffentlicht sogar die Adresse seines Lektors, an den man sich bei Beschwerden wenden solle.

Manchmal bittet er die Erwachsenen, wegzuhören, und wendet sich direkt und ausschließlich an die Kinder. *Ich will euch nicht erzählen, dieses Buch gehe tragisch aus. Ich sagte schon im allerersten Satz, dass es mein Lieblingsbuch ist. Aber es kommen jetzt eine Menge übler Sachen, auf die Folter seid ihr ja schon vorbereitet, aber es kommt noch schlimmer. Der*

Tod zieht herauf, und ihr begreift besser gleich: Es sterben ein paar von den falschen Leuten (...) und der Grund ist der: Das Leben ist nicht gerecht. Vergesst den Quatsch, den euch eure Eltern erzählen. Denkt an Morgenstern. Ihr werdet zufriedener sein.

Drei Happyends bietet Goldman, obwohl er immer wieder betont, dass das Leben – im Gegensatz zu vielen Geschichten, die in Kinderbüchern erzählt werden – nicht gerecht ist. Daher muss zwischendurch auch ein lieb gewonnener Held sterben. Aber auch dafür findet der Autor eine milde und erträgliche Lösung. Das Verlagswesen wird hingegen von Goldman nicht geschont. Sein Spott über Marketingmanager und Lektoren hat jedoch nicht verhindert, dass *Die Brautprinzessin* zumindest in den USA Kult und als Kinderbuch beliebt ist, weil es wie kaum ein anderer Roman Lust aufs Lesen macht. Auf der Suche nach einem Etikett für dieses Buch fiel mehrfach der Begriff »Comic-Roman«, weil sich die Pointen jagen und der Fantasie keine Grenzen gesetzt sind. Die Übertragung höchster Sprechblasenkonzentration in Goldmans epischen Highway hat jedoch keine Nachahmer gefunden. Klaus Modick schrieb: »Goldman ist mit *Die Brautprinzessin* ein Geniestreich geglückt, zumindest aber ein Werk von genialer, literarischer Schlitzohrigkeit.« Dieses Buch – diese CDs – beginnen mit einem Satz, dem viele zustimmen werden, nachdem sie es ganz gelesen oder ganz gehört haben: *Dieses Buch hier ist mir das Liebste auf der Welt.*

William Goldman schreibt seit über 40 Jahren Bücher und Filmdrehbücher. Er ist zweimal mit dem Oscar ausgezeichnet worden (für *Butch Cassidy and the Sundance Kid* und *All the*

President's Men) und dreimal mit dem Lifetime Achievement-Preis für Drehbuchautoren. Sein *Marathon Man* hat ihn in den Zahnarztpraxen überall auf der Welt berühmt gemacht.

William Goldman: Die Brautprinzessin, gelesen von Jochen Malmsheimer und Bela B. 9 CDs. tacheles! 2003, ab 9 J.

Auf nach »Erfahrungen«!

2003
Buch-Tipp von Renate Schmidt:
Maritgen Matter / Anke Faust (Ill.)
Ein Schaf fürs Leben

Nehmen sich Bundesminister Zeit für Kinderbücher? Meine Hoffnung auf eine Reaktion aus Berlin war nicht groß, aber dann schrieb die Bundesministerin für Familie, Senioren, Frauen und Jugend Renate Schmidt: »Auch ich bin der Meinung, dass Leseförderung eine sehr wichtige Aufgabe ist«, und empfahl »dieses wunderbare Buch der Niederländerin Maritgen Matter. Es ist die Geschichte einer außergewöhnlichen Begegnung zwischen zwei Tieren, die unterschiedlicher nicht sein können – Wolf und Schaf.«

Die Politikerin fasst die Fabel zusammen: »Der hungrige Wolf lädt das Schaf zu einem Ausflug ein, um es ohne Zeugen zu verspeisen. Das Schaf stimmt ahnungslos zu und begibt sich mit dem Wolf auf eine nächtliche Schlittenfahrt. Doch aus dem Verspeisen des gutgläubigen Schafes wird nichts. Denn Wolf findet Schaf fast gegen seinen Willen ›famos‹. Letztendlich rettet das Schaf dem Wolf sogar das Leben und zwischen den beiden entwickelt sich eine Art Freundschaft. Doch wie soll das gehen – ein Wolf und ein Schaf?« Renate Schmidt lobt die scharfzüngigen Dialoge und die unerwarteten Wendungen sowie die ungewöhnlichen Collagen. »Die Begegnung von Wolf und Schaf ist für mich eine der schönsten Geschichten der letzten zehn Jahre«, schreibt Schmidt.

Maritgen Matters Debüt erhielt viele Auszeichnungen, u.a. den Deutschen Jugendliteraturpreis. Es begeistert anspruchsvolle Kritikerjurys ebenso wie das breite Publikum und wird noch lange ein Dauerseller bleiben. Warum löst *Ein Schaf fürs Leben* solche Begeisterung bei Pädagogen ebenso wie bei Kindern aus? Die Wortwahl ist einer der vielen Gründe für das Gelingen dieser Geschichte. Wolf (Matter verzichtet auf Personalpronomen bei den Protagonisten) trägt eine goldene Armbanduhr, parkt seinen Schlitten vor dem Restaurant, fährt sich mit einem Elfenbeinkamm durchs Haar, steht lässig am Gatter, knackt mit den Fingern usw. Schaf blökt mit feinem Stimmchen, sieht ihn mit runden Augen an, starrt Wolf mit offenem Mund an, klammert sich an ihm fest usw. Der eitle Wolf ist sich seiner Beute sicher. Bevor es zu besagten scharfzüngigen Dialogen kommt, sondert Wolf zwei Kernsätze ab: *Hunger ist nicht das Entscheidende im Leben. Erfahrungen, darauf kommt es an.* Und etwas später: *»Hast du immer noch so einen Hunger?«, fragte Schaf. »Ach, halb so wild«, sagte Wolf. »O doch. Du bist ganz blass. Wenn wir in Erfahrungen sind, musst du was essen«, sagte Schaf besorgt. »Das mach ich«, sagte Wolf.* Das naive Schaf hält »Erfahrungen« für einen Ortsnamen, für eine Schlaraffenstadt, und den Wolf für einen »Dichter aus Erfahrungen«. Das Schaf ist nicht dumm, aber es versteht meist nur die bessere, die angenehme Hälfte von Wolfs Sätzen. Daraus entstehen Sprachspiele und Situationskomik, ein zweifelhaftes Fundament für eine Beziehung aus Arglosigkeit und Boshaftigkeit. Humor entspringt aus Zweideutigkeiten und delikaten Missverständnissen, aus den mangelnden Erfahrungen des Schafes und seiner Sehnsucht nach Neuem, nach einer Schlittenfahrt mit einem dichtenden Sängerwolf aus Erfahrungen. Spannung entsteht aus dem Wunsch des Lesers und Betrachters, das Schaf zu warnen, das dem verbalen Verwirrspiel des Wolfes erliegt und ihm in den wohl sicheren Tod folgt.

Das ungleiche Figurenpaar hält die Leser bis zur letzen Seite in Atem. Die Natürlichkeit, Offenheit und Ehrlichkeit des Schafes, sein unwiderstehlicher Charme bezirzen den Wolf. Er verändert sich in dieser ereignisreichen Nacht, wird nachdenklich, am Ende gar zärtlich. Das Schaf seinerseits katapultiert sich aus seiner Opferrolle und wird zur umsorgenden Frau an Wolfs Seite, ja zu seiner Lebensretterin. Aus natürlichen Feinden werden für kurze Zeit nicht nur Freunde, sondern sogar Liebende. Eigentlich geht es um fressen und gefressen werden. Aber es geht auch um Einsamkeit und Liebe. Der Wolf gerät in den Konflikt zwischen Hunger und Zuneigung. Er möchte das Schaf verspeisen, aber wenn er das täte, wäre er wieder so einsam wie zuvor. Das wunderbare Gefühl, dass jemand ihm blind vertraut und ihn bewundert, wäre weg. Das Schaf seinerseits möchte dem neuen Freund helfen, möchte etwas dazu beitragen, seinen Hunger zu stillen.

Der Gentleman im Wolfspelz fühlt sich plötzlich alt. Mitleid, Sehnsucht nach Freundschaft und Altersmilde stellen sich ein. Er verschiebt trotz des knurrenden Magens immer wieder seine tödliche Tat.

Was der Text auslässt, ergänzt das Bild. Zum Beispiel, dass das Schaf den bewusstlosen, im Eiswasser fast ertrunkenen Wolf mit dem Schal auf dem Schlitten festbindet. Fausts Collagen verbinden Fotorealismus mit comicartigen Strichzeichnungen, vollziehen gewagte Perspektivwechsel, achten von bläulichem Schneeweiß bis zu kaltem Nachtblau exakt auf Lichtverhältnisse (Wolfs Türschild lässt sich erst im Morgengrauen lesen) und treiben ein gekonntes Farbspiel (Wolf trägt eine Jägerjacke aus vegetarischem Grasgrün und ein rotes Käppchen ...). Schaf rettet Wolf, schleppt ihn in eine warme, behagliche Hütte, flößt ihm Glühwein ein. Der im Halbschlaf fantasierende Wolf gesteht sich erst im Traum die Zuneigung zum Schaf ein. Schließlich erkennt er, dass hier eine unmögliche Liaison, eine hoffnungslose Amour fou begänne. Aus der Begegnung wird nichts. Aber auch die befürchtete Katastrophe trifft nicht ein.

Diese Fabel ist ein gelungener Ausbruch aus dem traditionellen Wolf-Schaf-Schema. Gleichzeitig setzt sie die große Fabel-Tradition fort, in welcher das vermeintlich überlegene Tier sich trotz seiner Stärke und Schläue nicht durchsetzen kann. Der böse Wolf wird freundlich, weil das schwache, das offenbar dumme Schaf so ehrlich, offen und charmant ist.

Der Wolf, das Schlitzohr, erkennt im Bett, wie weich ein Schafsohr sein kann, hält sich daran fest und schläft friedlich ein. Der Wolf, wohl wissend um seine Natur, lässt am Ende das Schaf ziehen – nein, schickt es fort – und wird damit seinerseits zum Lebensretter. Das Schaf versteht immer noch nicht, warum es das frische Glück verlassen soll. Aber es ahnt etwas und fügt sich, wie eine Geliebte, die spürt, dass das Zusammenleben mit einem Macho zunächst zwar verlockend, aber auf Dauer verhängnisvoll sein kann. Das Schaf muss demjenigen den Rücken kehren, den es gerade lieben gelernt hat. Kein Happyend und keine Tragödie zum Schluss. Auf der letzten Seite ist das Schaf immer noch naiv (seine Naivität wird es hoffentlich weiterhin schützen), aber um viele Erfahrungen reicher und glücklich, dem Wolf das Leben gerettet zu haben, ihn nach Hause gebracht zu haben, wo er hingehört. Und der Wolf ist etwas empfindsamer. Beide – besonders aber das Schaf – hatten Glück, denn sie haben eine Nacht lang eine unmögliche Beziehung ausprobiert, haben den Beginn der Liebe gespürt und sich dann rechtzeitig wieder getrennt. Doch die Leser möchten mit den beiden gleich wieder zum nächsten Abenteuer aufbrechen, auf nach Erfahrungen!

Was ist mit dem Titel? Dieses Schaf – diese Freundschaft – ist ja nicht fürs Leben. Er drückt daher wohl eher verschiedene Wunschgedanken aus: die heimliche Hoffnung des einsamen Wolfes, eine Freundin fürs Leben zu finden, oder die Hoffnung der Leser auf ein Happyend. Vielleicht hat sich die Lektoratsrunde bei Oetinger auch gedacht, dass damit auf das Schaf fürs (Über-)Leben des Wolfes hingewiesen werden soll. Jedenfalls übersetzte man den niederländischen Originaltitel *Schaap met laarsjes* (Schaf mit Stiefeln) nicht und vermied damit die Betonung der Albtraum-Restaurant-Szene, in der dem Wolf sein liebgewonnenes Schaf (mit Stiefeln) serviert wird. Eine oft kritisierte, aber kluge Entscheidung, denn der mehrdeutige deutsche Titel schickt die Leser auf eine nicht von vornherein festgelegte Gedankenreise (man ersetze »Schaf« im Titel nicht durch »Mann« oder »Frau«, sondern durch »Erfahrung«) und sorgt dafür, dass man sich nach der Lektüre noch lange mit dieser Fabel beschäftigt.

Maritgen Matter, geboren 1962, studierte nach einer Lehrerausbildung Kunst und Design und arbeitet als freie Illustratorin. *Ein Schaf fürs Leben* ist ihr Debüt als Kinderbuchautorin.

Anke Faust, geboren 1971, studierte Kommunikationsdesign und arbeitet als Illustratorin für Kinder- und Schulbuchverlage.

Maritgen Matter / Anke Faust: Ein Schaf fürs Leben, aus dem Niederländischen von Sylke Hachmeister, Oetinger 2003, 64 S., ab 8 J.

Wahrheit und Lüge, Tod und Glück

2004
Jutta Richter
Hechtsommer

Zwei Brüder, Daniel und Lukas, und ihre etwas ältere Freundin Anna leben, schon so lange sie sich erinnern können, gemeinsam auf einem Wasserschloss abseits vom Dorf: Anna mit ihrer Mutter, die Brüder mit ihren Eltern Gisela und Peter.

Heimlich lernen die Jungen an den freien Sommernachmittagen fachgerechtes Angeln, um später den stolz dahingleitenden Hecht im Schlossgraben zu fangen, obwohl Fischen dort streng verboten ist. Dieses grünsilbrig schimmernde, wild und gefährlich aussehende Tier ist eine Herausforderung für die Brüder. Den Hecht zu fangen erfordert Mut und Geschick. Sie kaufen eine Ausrüstung und üben ausdauernd mit Kescher und Leine. Die Ich-Erzählerin Anna allerdings macht nur halbherzig mit, denn sie hält Angeln für Tierquälerei.

Als wir an diesem Mittag aus der Schule kamen, waren die Rapsknospen aufgeplatzt. Schon von weitem sahen wir das Feld leuchten. (…)

»Da wird man fröhlich vom Hingucken!«, hatte Lukas einmal gesagt. Und das stimmte.

Aber heute war es anders, denn ich musste an Giselas Haare denken und ich fürchtete mich.

Die Mutter der Brüder hat Krebs. Die Erwachsenen versuchen es zu verheimlichen, doch ihre Krankheit hängt düster über diesem Sommer.

»Wunder kannste vergessen, Schutzengel auch. Das ist doch alles Babykacke! Aber ich glaube an was: Ich glaub an den Hecht! Ich glaube, wenn ich ihn fange, wird Mama wieder gesund«, sagt Daniel, der Ältere, und hat deshalb nur noch dieses eine Ziel: den Hecht im Burggraben zu fangen.

Anna aber wünscht sich Stillstand. Sie erwartet von Müttern, dass sie nicht sterben, ehe ihre Kinder groß sind. Anna und die Brüder streiten sich wegen des Hechts. Das Geschenk der kranken Gisela – die Leser ahnen, es ist ihr letztes – für Anna, ein Angel-Lehrbuch, und Giselas zwischen den Zeilen weit über den Tod hinausweisender Begleitbrief, sollen Frieden unter den Kindern stiften, so als ahne die Sterbende, dass nach ihrem Tod die Zurückbleibenden näher zusammenrücken müssen.

Dank Giselas Geschenk übt Anna – nur widerwillig – mit den Jungen für die Hechtjagd. Die tödlichen Ereignisse um den Hecht und um die Mutter weisen fortan immer mehr Parallelen auf.

Die drei Schlosskinder jagen den Hecht. Der Krebstod jagt die Mutter. Das Spiel wird ernster und endet mit der geglückten Jagd und dem doppelten Tod. Der große Hecht stirbt. Doch der Erfolg wird nicht gefeiert. Eine noch größere Herausforderung für die Brüder schließt sich der soeben bestandenen an, denn gleichzeitig mit dem Hecht stirbt die Mutter. Der Tod, das Unbegreifliche, soll als Teil des Lebens akzeptiert werden. Am Ende des Hechtsommers endet auch die Kindheit.

In dieser kurzen Geschichte steckt viel Menschenkenntnis

und Weisheit. Das Mädchen beobachtet genau und findet Worte für die Zweifel und die Ängste, für die Freundschaft und die Hoffnung und zieht wunderschöne Parallelen zwischen der sich stets ändernden Natur und den anderen Dingen, die auch nicht so bleiben, wie Anna sie schön fand. Die Zusammenfassung der Geschichte mag so traurig klingen, dass die Lust vergeht, das Buch zu lesen. Das wäre schade, denn eine Besonderheit dieses Textes besteht darin, dass nicht die Sterbende im Mittelpunkt steht. Im Gegenteil: Ihre Konturen waren von Anfang an nicht scharf. Gisela, die sterbende Mutter der Brüder, zieht sich zurück, wird stiller und blasser, vereinsamt. Der Fokus liegt auf den anderen, den Gesunden, die auch in diesem Sommer Lebenslust verspüren. Auf diese Weise gelingt es Jutta Richter, das schwierige Thema poetisch und doch unsentimental mit einfachen und präzisen Sätzen zu erzählen, die lange im Gedächtnis bleiben.

Dabei gibt es einige erstaunlich komplexe Nebenhandlungen: Spannungen mit dem Schlossverwalter zum Beispiel, Ärger in der Schule (*Die Bauernkinder spielten nicht mit uns, weil wir Schlosskinder waren, und die Dorfkinder mochten uns nicht, weil die Bauernkinder uns in Ruhe ließen*) oder Annas Sehnsucht nach ihrem Vater, der Mutter und Tochter verlassen hat, weil er das Zusammenleben mit Annas Mutter nicht mehr ertragen konnte.

Bei einer weiteren dieser Nebenhandlungen wagt man es kaum, näher hinzusehen. Sie ist nur angedeutet und so schwach, dass sie auch wie eine Schimäre der Einbildung der tratschenden Dorfgemeinschaft entsprungen sein könnte. Und doch ist sie da. Ein Skandalon, vor dem man am liebsten die Augen verschließen möchte, um diese zarte Geschichte nicht zu beschädigen. Aber spiegelt das Vorhandensein dieser Möglichkeit, diese zusätzliche Bedrohung für die beiden Schlossfamilien, diese angedeutete Geschmacklosigkeit (die ja doch nichts anderes als die Demonstration der unermesslichen Macht der Liebe wäre) nicht den Mut der Erzählerin, vor der Realität niemals Halt zu machen? Die Rede ist von dem Wunsch nach Söhnen, den Annas Mutter verspürt, und von ihrer Aufmerksamkeit, die sie Peter, dem Vater der Brüder, dem künftigen Witwer schenkt. Die neue Beziehung kündigt sich mehrfach an, am deutlichsten durch die Bereitschaft von Annas Mutter, sich um die Jungen zu kümmern, und durch die romantische Bootsfahrt von Peter und Annas Mutter nachts nach dem Grillfest, derweil die Todkranke sich in ihr Zimmer zurückgezogen hat.

Jutta Richters außerordentlich schöne Sprache, die manchmal nur anspricht und nicht ausspricht, löst in der Vorstellung der Leser starke Bilder und Emotionen aus. Dies ist eine traurig-schöne Geschichte, in der Wahrheit und Lüge, Tod und Glück nahe beieinander liegen. Richter vermeidet jedes Pathos und setzt doch große Gefühle frei.

Jutta Richter, geboren 1955 in Burgsteinfurt / Westfalen, studierte katholische Theologie, Germanistik und Publizistik und veröffentlichte bereits als Schülerin ihren ersten Roman. Sie lebt als freie Schriftstellerin auf Schloss Westerwinkel im Münsterland und in Lucca in der Toskana und schreibt für Erwachsene, Jugendliche und Kinder Erzählungen, Hörspiele, Theaterstücke, Lieder und Gedichte. Für ihre inzwischen 28 Bücher erhielt sie viele Literaturpreise.

Jutta Richter / Quint Buchholz (Ill.): Hechtsommer. Hanser 2002, 128 S., ab 10 J.
(Egal, welche Altersempfehlung man gibt, sie ist immer zweifelhaft, denn das Lesealter der Kinder und Jugendlichen hat nur wenig mit dem biologischen Alter zu tun. Kein Wunder also, dass Hanser keine Altersangaben macht. Und kein Wunder, dass die Rezensenten von *Hechtsommer* bei der Altersempfehlung zwischen acht und dreizehn Jahren (sic!) schwanken.)

Erste Liebe in Zeiten der Pest

2004
Mary Hooper
Die Schwester der Zuckermacherin

Wir beeilten uns alle drei sehr und sprachen kaum ein Wort, und wenn, dann flüsterten wir uns nur leise zu, was für grässliche Dinge uns begegneten. Leichen waren zum Abholen vor die Häuser gelegt worden, eine Frau schluchzte aus einem Fenster im obersten Stockwerk heraus: »Tot, alle tot!« Und ein nur mit einem Lendenschurz bedeckter Mann lief laut schreiend umher und bearbeitete sein Fleisch derart mit den Fingernägeln, dass seine Arme und seine Brust blutüberströmt waren. Wir sahen auch einen Totenkarren vorbeiruckeln, der so voll beladen war, dass einige Leichen neben den Fuhrmann auf die Sitzbank gerutscht waren.

Ebenso genau und beeindruckend wie die Beschreibungen der Auswirkungen der Pest in London im Jahr 1665 sind die Schilderungen der Arbeit in einer Zuckerbäckerei oder die des Aufkeimens der ersten Liebe zwischen der 16-jährigen Hannah und dem Apothekerlehrling Tom. Der Roman beginnt leichtfüßig und strahlend hell mit Hannahs Freude, endlich ihr langweiliges Dorf, in dem sie ihre Kindheit verbracht hatte, verlassen zu dürfen, um in die große Stadt London zu ziehen. Dort erwartet sie ihre ältere Schwester Sarah, die sich als Zuckerbäckerin niedergelassen hat. Hannah sieht das bunte Treiben, das pralle Leben in den engen Gassen mit Staunen und Zuversicht. Das rothaarige Mädchen vom Land beobachtet die gestikulierenden und schreienden Marktfrauen ebenso neugierig wie die vornehmen Ladys, die in Sänften durch die Straßen getragen werden, und erkundet auch die düsteren Armenviertel. Der Kontrast zwischen dem Leben in der Metropole und auf dem Land könnte nicht stärker sein und fasziniert Hannah. Doch die Lage in London ist angespannt, denn in vielen Stadtvierteln sterben die Bewohner an einer rätselhaften und unheilbaren Krankheit. Mit roten Kreuzen werden die Türen markiert, hinter denen der Tod wohnt. Tausende von Hunden und Katzen werden getötet, und erst später wird man herausfinden, welch ein Fehler das war, weil doch Hunde und Katzen die Zahl der Schädlinge hätten verringern können, die für die Verbreitung der Krankheit verantwortlich waren.

Sarah und Hannah arbeiten weiter und bei einem Botengang lernt Hannah Tom kennen, der gemeinsam mit dem bekannten Heiler Doktor da Silva versucht, den schwarzen Tod aufzuhalten. Doch die Epidemie rückt jeden Tag näher an die kleine Konditorei »Zur kandierten Rosenblüte«. Sarah kann die Gefahr inzwischen einschätzen, doch sie weigert sich, London zu verlassen.

In ihren Anmerkungen über die Pest in London im Jahr 1665 schreibt Mary Hooper, dass alle Zitate an den Kapitelanfängen aus Samuel Pepys' *Tagebuch* stammen, das Hooper als eine ihrer vielen Quellen nutzte. *Kapitel 11 – Die dritte Augustwoche – Der Lord Mayor hat angeordnet, dass alle Gesunden um neun Uhr abends zu Hause sein müssen, damit die Kranken an die fri-*

sche Luft können. Diese Zitate verstärken die bedrohliche Stimmung und treiben die streng chronologisch erzählte Geschichte schnell voran. *Auf die Idee mit Sarahs Zuckermacherladen bin ich gekommen, als ich in Berichten des Hofes aus dem 17. Jahrhundert die Antwort eines jungen Mädchens auf die Frage las, womit sie ihren Lebensunterhalt verdiene: »Ich stelle Leckereien und Schokoladenkuchen für die vornehmen Leute und Herrenhäuser her …«* So haben Sarah und Hannah auch Zugang zu den vornehmen Häusern adliger Kreise. Hannah erkennt, dass immer mehr Reiche die Stadt verlassen und die Armen gezwungen sind zu bleiben. Geradlinig, sehr spannend und ohne sich jemals in den vielen exakt recherchierten historischen Details zu verlieren erzählt Hooper, wie sich Hannah rettet.

Die Mischung aus Lebensfreude und Todesangst gibt schon der gelungene Umschlag wieder, der mit seinen Schatten- und Silberschriften (wie von Konditorhand gezogen), mit dem historischen Stich Londons oder der besonderen Pupille der jungen Frau interessanter ist als die Cover der meisten historischen Romane für Erwachsene. Diese Feststellung trifft nicht nur auf die Optik, sondern auch den Text zu. Er widersteht der Versuchung, im Gegensatz zu vielen Historienschinken für Erwachsene, die Pest als Hintergrund für ein rührseliges Melodram oder für einen düsteren Horror-Roman zu verwenden. Hoopers fesselnde und manchmal beklemmende Geschichte schont die Leser nicht, aber dank der etwas naiven und beschwingten Ich-Erzählerin Hannah ist sie zugleich voller Licht und Zuversicht.

Mary Hooper begann zu schreiben, als ihre Kinder noch klein waren. Seitdem hat sie viele Kinder- und Jugendbücher verfasst. Sie gibt Kurse in Kreativem Schreiben und wurde 2001 für ihr Jugendbuch *megan*^{2} mit dem North East Book Award ausgezeichnet. Mary Hooper lebt in Hampshire, England.

Mary Hooper: Die Schwester der Zuckermacherin. Aus dem Englischen von Bettina Bach. Berlin Verlag 2004, 256 S., ab 12 J.

Philosophier-Fieber

2004
Kristina Calvert
Können Steine glücklich sein?

Kannst du Descartes zustimmen, dass das Ich im Geist und nicht im Körper sitzt? Falls dir da Zweifel kommen, tröste dich – immerhin weißt du ja: Wer zweifelt, der denkt, und wer ein denkendes Ich ist, den gibt es wirklich.

Und ein denkendes Ich stellt Fragen:
Woher kommen die Wörter?
Wann ist ein Freund ein Freund?

Kristina Calvert verbindet Theorie und Praxis, geht regelmäßig in Schulen oder Museen und philosophiert dort mit Kindern. Obige Fragen hat sie aus Listen ausgewählt, die Kinder aufgeschrieben haben. Sie hat aber keine Angst vor überraschenderen, aus der oft überbordenden Fantasie stammenden Fragen der Kinder.

Wie lange dauern 30 Minuten in Togo?

Wieso wollen wir Dinge, die wir gar nicht wollen?

Beim Philosophieren solltest du dir möglichst unmögliche Fragen ausdenken, rät Calvert. Direkte Antworten gibt es aber selten. Auch Standard-Antworten sind Fehlanzeige. Calvert bemüht ihre eigene Kreativität, nutzt die kindlichen Katalysatoren und baut mit ihnen gemeinsam ein so genanntes *Wörter-*

Molekül. Daraus entstehen ungewöhnliche Dialoge, Geschichten und Fabeln von Landmäusen und Stadtmäusen oder von fliegenden Schildkröten. Bei Buchvorstellungen baut Calvert gemeinsam mit den Kindern nach einer Idee Leonardo da Vincis ein *Freunde-Suchgerät,* was rasch das ausgebrochene Philosophier-Fieber steigert.

Mit ihrem Buch beweist Calvert, dass sie sich die Neugier aus ihrem ersten Dutzend Lebensjahren bewahrt hat. Sie kombiniert infantile Spielfreude mit ihrer Erfahrung als erwachsene Wissenschaftlerin und findet so scheinbar weit hergeholte und doch realitätsnahe Beispiele: Willenskraftcenter, beseelte Joghurtbecher oder Glückschips.

Von vielen anderen Philosophie-Büchern unterscheidet sich dieses (es ist in der insgesamt empfehlenswerten Reihe *science & fun* erschienen) durch die Nähe zum kindlichen Denken. Das manifestiert sich vor allem in den Beispielen. Auf Erwachsene mögen sie bisweilen unpassend erscheinen, doch Kinder stellen gerne Zusammenhänge her zwischen Situationen und Problemen, die sie aus dem Alltag kennen, und Themen, die man aus Fantasy- oder Science-Fiction-Romanen kennt.

Kristina Calvert, geboren 1961, ist Erziehungswissenschaftlerin und promovierte Kinderphilosophin. Seit 14 Jahren philosophiert sie regelmäßig mit Kindern und Jugendlichen. Sie ist Mutter von Zwillingen, mit denen sie ebenfalls gerne debattiert.

Antje von Stemm, Jugendliteraturpreisträgerin und Papieringenieurin, hat in diesem Band die Schere gegen Stifte und Pinsel eingetauscht.

Kristina Calvert, Antje von Stemm (Ill.): Können Steine glücklich sein? Philosophieren mit Kindern. Rowohlt, Reihe Rotfuchs, science & fun 2004. 112 S., ab 9 J.

Nigggghhiiiinnnkkkk!

2004
Kate DiCamillo
Desperaux – Von einem der auszog das Fürchten zu verlernen

Leider nur zweimal wurden hier bisher die Leistungen der Übersetzer gewürdigt. Gerne möchte ich einen Band »50 beste Kinder- und Jugendbücher – die Übersetzer« schreiben (und ebenso gerne eines Tages eine Auswahl, die nur Texte berücksichtigt, die weder aus Europa noch aus dem angloamerikanischen Raum stammen). Hier soll nun wenigstens kurz auf Sabine Ludwig, auf ihre wunderbaren Einfälle, auf ihren Mut hingewiesen werden. In einem Interview sagte sie: »Ich habe natürlich den Ehrgeiz, dem Stil von Kate DiCamillo im Deutschen möglichst nahe zu kommen. Bei den ersten beiden Titeln war das nicht so schwer, sie sind von der Erzählhaltung sehr ähnlich. Aufpassen musste ich nur, dass die spröde, fast karge Sprache der amerikanischen Autorin im Deutschen nicht dröge rüberkam. Man entscheidet sich ja gleich zu Beginn für eine bestimmte Sprachebene. Oft kann man dann eine ›korrekte‹ Übersetzung nicht verwenden, weil sie stilistisch nicht passt. An diesem Punkt beginnt die eigentliche Arbeit des literarischen Übersetzers.« Und später: »Es ist ja leider üblich, dass der Übersetzer in den Rezensionen nur eine Rolle spielt, wenn es etwas zu kritisieren gibt. Der Spruch ›Ist das Buch gut, ist es das Verdienst des Autors, ist es schlecht, ist es die Schuld des Übersetzers' hat leider Hochkonjunktur.« Den Übersetzer kann man hier leider auch durch den »Lektor« ersetzen, der manchmal ebenso auf der Suche ist nach Formulierungen, die sich nicht eins zu eins übertragen lassen. »Bei *Desperaux* war mir der Begriff ›Suche‹ für ›quest‹ einfach nicht sprechend genug. Da mich die Geschichte an die klassische Artusepik erinnerte, lag es nahe, ›quest‹ mit ›aventiure‹ zu übersetzen.«

Ohren sind wichtig in diesem großartigen Abenteuer, dessen wohl einzige Schwäche das klischeehafte und zoologisch verfehlte Anschwärzen der Gattung der Ratten ist, das aber davon abgesehen als Hörbuch die Lesefreuden durchaus noch übertrifft: Da sind die unanständig großen Ohren des lächerlich kleinen und sich absolut unmäusisch verhaltenden Mäuserichs Desperaux (er liest lieber in Büchern, statt sie zu fressen) oder Miggery Sows Hörorgan, das mit Hunderten von Maulschellen misshandelt wurde: Mig, das blumenkohlohrige, schwerhörige Mädchen, das Desperaux rettet, weil es von einer Sklavin zur Dienerin im Schloss wird und dort im Verlies landet, um schließlich seiner glücklichen Bestimmung entgegenzugehen, ist ebenso wie Desperaux eine ideale Figur, um die akustische Bedeutung des Textes zu betonen.

DiCamillo hat mit *Desperaux* eine sprachlich weit ausholende Geschichte über die Macht der Worte, über die Kraft der Liebe und über Licht und Schatten geschrieben. Das Hörbuch wurde 2004 zum Kinder-Hörbuch des Jahres gewählt. Die Begründung der Jury lautete: »Rosemarie Fendels Stimme spielt hinreißend mit der Textvorlage, zieht alle Register der Spannung und gewinnt der Symbolik von Licht und Dunkel wundervolle Poesie ab.« Die ZEIT schrieb: »Rosemarie Fendel kostet jede Möglichkeit des deutschen Textes voll aus. Tragik und Komik werden zum absoluten Hörvergnügen.« Aber was meinen diese Lobreden konkret? Unbedingt hörenswert sind beispielsweise Rosemarie Fendels französischer Akzent – mon dieu! – anlässlich der Weisheiten von Desperauxs Mutter Antoinette oder das »Äh?« der schwerhörigen Mig, das durch Mark und Bein geht. Der Schrei der Königin ist unübertroffen! *Statt einer Antwort warf die Königin den Löffel in die Luft und stieß ein schreckliches Geräusch aus, ein einer Königin absolut unwürdiges Geräusch, ein Geräusch zwischen dem Schnauben eines Pferdes und dem Quieken eines Schweins, ein Geräusch, das irgendwie so klang:* nigggghhiiiinnnkkkk! *Und dann sagte sie: »Da ist eine Ratte in meiner Suppe.«* Dieser Schrei Rosemarie Fendels ist – nicht was die Lautstärke, aber was die Ausdruckskraft betrifft – nur vergleichbar mit Joe Cockers lang gezogenem, rauen Jaulen vor der letzten Strophe von *With a Little Help From My Friends.*

Kate DiCamillo verbrachte einen Großteil ihrer Kindheit im Süden der USA, studierte in Florida und schreibt für Kinder und Erwachsene. *Winn-Dixie,* ihr erstes Kinderbuch, wurde zu einem internationalen Erfolg. Für *Desperaux* erhielt sie die Newbery Medal.

Kate DiCamillo: Desperaux – Von einem der auszog das Fürchten zu verlernen, aus dem Amerikanischen von Sabine Ludwig, vorgelesen von Rosemarie Fendel. 3 CDs, Hörcompany 2004, ab 7 J.

Einverstandene Leser

2004
Buch-Tipp von Monika Osberghaus:
Kirsten Boie
Monis Jahr

Mutti steht am Ausguss, nur im Rock und in ihrem alten rosa Büstenhalter, und guckt in den Spiegel.

»Mittwoch«, sagt Mutti. »Da kommt Soraya. Und ich muss arbeiten«, und sie zieht sich vorsichtig mit einem Stück Kohle die Brauen nach und wischt daran herum. »Ich wäre so gerne zum Flughafen gefahren! Ich hab noch nie eine Kaiserin gesehen. Und sie soll so wunder-, wunderschön sein.«

Der Roman *Monis Jahr* liegt auf dem Wirtshaustisch zwischen Monikas Osberghaus' Gemüse-Curry-Suppe und meiner Spätzlepfanne. »Die Moni im Buch ist gar nicht so schön wie auf dem Umschlagfoto«, sagt die Buchautorin und Mitarbeiterin bei der *Frankfurter Allgemeinen Zeitung.* Es ist Mittagszeit an einem warmen Frühsommertag im Jahr 2005 in Frankfurt. Wir sitzen in einem kleinen Gartenrestaurant im Nordend. Von hier aus ist das Dachfenster ihrer Wohnung im fünften Stock zu sehen. Monika Osberghaus erzählt von ihrem vierjährigen Sohn, wie er neulich wutentbrannt Besteck aus dem Küchenfenster in den Hof warf, von der Arbeit bei der FAZ, wo sie die Kinder- und Jugendbuchseiten betreut, und von der

Arbeit an ihrem nächsten Buch, worin sie 50 beste Bilderbücher empfehlen wird. Der Vorgängerband *Was soll ich denn lesen? – 50 beste Kinderbücher* (Reihe Hanser / dtv) gab die Initialzündung für mein Projekt *Lies doch mal!* Ich bewundere, mit welcher Überzeugungskraft Monika Osberghaus in ihren Rezensionen Lieblingsbücher lobt und Lust aufs Lesen weckt. Gleichzeitig lohnt es sich, ihre Texte unabhängig vom Verweischarakter zu lesen.

Bevor wir versuchen, uns 50 Jahre zurückzuversetzen, sind Buchbesprechungen das Thema: »Bei den Empfehlungen in *Was soll ich denn lesen? 50 beste Kinderbücher* und in *Schau mal! 50 beste Bilderbücher* möchte ich einverstandene Leser haben. Ich stelle also nur Bücher vor, bei denen ich mir sicher bin, dass die Kinder sie spannend finden. Diese Tipps müssen funktionieren!«, betont Monika Osberghaus. Im Feuilleton hingegen lobe sie manchmal auch Bücher, die für Kinder schwierig werden könnten, die anspruchsvoller und literarisch und künstlerisch interessant sind. Als Rezensentin möchte sie auch ungewöhnliche und gewöhnungsbedürftige Bilder und Geschichten vorstellen. Die Leser ihrer Kritiken in der Tageszeitung könnten dann selbst beurteilen und entscheiden, ob sie es mit schwierigen Büchern versuchen wollen. Nicht nur als Buchautorin, auch als Rezensentin empfehle sie jedoch nur solche Titel vorbehaltlos, die auch wirklich unbedingt und allgemein empfehlenswert sind, so Monika Osberghaus. Privat und zum reinen Vergnügen lese sie nur Bücher für Erwachsene. Besondere Lese-Sternstunden gebe es für sie daher immer dann, wenn sie als Kritikerin ein Kinder- oder Jugendbuch entdecke, das sie genauso gern unabhängig von ihrer Arbeit liest. »Wie ich es genieße, ein Buch für alle, das mich privat und professionell begeistert! Wenn das passiert, ist das der Idealfall!« Aber Monika Osberghaus verübelt es keinem Autor, wenn sich dieser Effekt nicht einstellt. Sie sei schließlich kein Kind.

»Hier ist es aber geschehen. *Monis Jahr* ist Kirsten Boies bestes Buch für Kinder und für Erwachsene.« Wenn *Monis Jahr* schon erschienen wäre, als Monika Osberghaus an *Was soll ich denn lesen?* arbeitete, wäre sie in Entscheidungsnot geraten zwischen *Nella Propella,* das jetzt in ihrem Buch vertreten ist, und *Monis Jahr,* zumal sie von jedem Autor immer nur einen Titel vorstellt.

»Kinder sind selten dafür zu haben, Jugendliche verabscheuen es, Erwachsene tun es gerne: Nennen wir es einmal das ›Runterlesen‹. Man liest eine Geschichte, die an die eigene Altersgruppe adressiert ist, deren Hauptfigur aber jünger ist. Solche Bücher haben es schwer. Aber wenn jemand sich darauf versteht, Kinderbücher so zu schreiben, dass es allen Lesern ganz egal ist, ob es rauf- oder runtergeht, dann ist das Kirsten Boie.« So beginnt Monika Osberghaus ihre FAZ-Empfehlung des Romans *Monis Jahr*, der sich laut Verlag an Jugendliche und Erwachsene richtet. »Aber das Buch ist schon für Kinder ab 9 Jahren ein Gewinn. Das kann niemand so gut wie Kirsten Boie, hinunterzugehen im Alter. Bei anderen klingt das oft komisch und anbiedernd. Kirsten Boie trifft den Ton so genau. Der Stil ist im besten Sinne naiv. *Monis Jahr* zu lesen oder sich vorlesen zu lassen ist wie früher, als ich meine Oma fragte, ›erzähl mal!‹«

Historisch genau schildert Kirsten Boie den Alltag der 10-jährigen Moni und ihrer 29-jährigen Mutter im Jahr 1955, die mit Monis Oma in Hamburg in einem »Dreimädelhaus« leben. Refrainartig taucht der abwesende und doch so anwesende *Junge mit der Strähne auf dem Küchenschrank* auf – Vatis Foto. Oma wartet auf die Rückkehr ihres in Russland vermissten Sohnes, doch Mutti geht inzwischen abends tanzen und für Moni ist Vati manchmal nur ein fremder Junge. Diese Konstellation führt zu Spannungen, vor allem als ein gewisser Onkel Helmut, Muttis Freund auftaucht. Wohin jetzt mit dem Jungen auf dem Küchenschrank?

Aber wenn er doch noch irgendwie lebt, denkt Moni. Irgendwie auf eine ganz komische Weise irgendwo, nicht wie richtig leben, wie im Märchen: Dein Leben soll dir geschenkt werden, wenn deine Liebste auf dich wartet. *So was gibt es ja natürlich gar nicht. Aber wenn doch. Dann machen wir ihn jetzt tot.*

»Und wenn er noch lebt?«, fragt Moni. »Dann machst du ihn jetzt tot!«

»Unsinn!«, sagt Mutti. Sie zieht Moni zu sich heran dabei, aber Moni macht sich ganz steif. »Wenn er noch lebt, dann lebt er doch trotzdem weiter. Und wenn er wirklich eines Tages kommt und lebt noch, dann wird der Totenschein wieder rückgängig gemacht.«

»Das kann man nicht rückgängig machen!«, schreit Moni. »Tot ist tot für immer!«

Durch die Ungewissheit hat sich das Anstandsjahr bei Mutti zehn Jahre in die Länge gezogen. Die Zeiten ändern sich. Jutta Richters Hechtsommer-Peter ist noch gar nicht Witwer und doch geht er schon auf romantische Bootsfahrt. »Dergleichen geschieht«, sagt Monika Osberghaus. Sie betrachtet *Monis Jahr* aus zwei Perspektiven: Als Kritikerin lobt sie besonders Kirsten Boies Erzählweise und vergleicht sie mit Annika Thors *Insel im Meer*. »Die Kinder bei Kirsten Boie und Annika Thor wissen genauso wenig, wie Kinder damals in der Zeit gewusst haben. Alles, was politisch und geschichtlich interessant ist, kommt im Buch so vor, wie es für Kinder im Jahr 1955 vorkam, nämlich beiläufig. Manche Kinder wissen mehr, andere – wie Moni – weniger. Das ausführliche Glossar am Ende erklärt vorwiegend spezielle Ausdrücke und will nicht ein Geschichtsbuch ersetzen. Das macht den Unterschied aus zwischen einem literarischen Werk und einem Buch, das vielleicht pädagogisch wertvoll sein könnte.«

Osberghaus weist auch auf Kirsten Boies Recherchen hin, auf die Fähigkeit der Autorin, eine 50-er-Jahre-Bühne sorgfältig mit sehr vielen Ingredienzien auszustatten, die aber nicht betont werden: der Dauerlutscher, die Leibchen, das grüne Radioauge, Affenschaukeln, Pepita-Kostüme oder Parallelos. »Dieser Kindheitsroman ist ja nicht autobiographisch, auch wenn er so klingt. Boie muss viele Gespräche geführt haben, um daraus diese Geschichte zu destillieren. Was man nicht selbst erlebt hat, so herauszuarbeiten, dass echte Personen dabei herauskommen, das finde ich, ist Boies große Kunst.«

Monika Osberghaus' private Perspektive auf *Monis Jahr* hat viele Facetten. Die Literaturkritikerin erinnert sich an die erste Begegnung mit Kirsten Boie, auch im Nordend, aber damals wohnte sie noch nicht hier und kannte sich nicht aus. Sie irrten herum auf der Suche nach einem Café und landeten im hässlichsten Bistro des Viertels (»das kann ich heute beurteilen!«, sagt Monika Osberghaus), aber es wurde doch ein intensives Gespräch. »Ich mache selten Interviews mit Autoren. Es ist besser, den Autor nicht zu kennen, wenn man sein Buch rezensieren möchte. Ich bin Vertreterin der Leser und möchte nicht befangen sein, je nachdem ob mir jemand sympathisch ist oder nicht.« Doch Kirsen Boie ist in Monika Osberghaus' Augen in vielfacher Hinsicht eine Ausnahme. »Ich wüsste keine anderen Autoren, die so vielseitig und dabei immer so gut sind. Kirsten Boie hat stilistisch und thematisch einen weiten Radius und schreibt überzeugend in vielen Tonlagen.«

Zu *Monis Jahr* besteht für Monika Osberghaus eine ganz besondere Identifikationsebene. Das fängt beim Namen an: »Ich hab mich schon über den Titel gefreut, weil ich Monika heiße und Moni genannt werde.« Aber da sind auch noch viele ähnliche Charakterzüge, die Osberghaus mit der Roman-Moni gemeinsam hat: Aufrichtigkeit, nicht enden wollende Unruhe nach begangenen Fehlern, Selbstzweifel und selbstmotivierende Sprüche, um sie wieder zu verjagen oder manchmal ein wenig Schadenfreude und sogar Kartoffelsuppe, Monis Lieblingsgericht 1955: »Da waren Kartoffeln drin, sehr fein«, sagt Monika Osberghaus, zeigt auf ihre Suppenschüssel und lacht. »Ich liebe alles mit Kartoffeln. Ja, ich bin mit Kirsten Boies Moni verwandt. Ich finde es richtig, dass sie Moni heißt!«

Kirsten Boie, 1950 in Hamburg geboren, studierte Deutsch und Englisch, promovierte in Literaturwissenschaft und war als Lehrerin tätig. Heute ist sie eine der bekanntesten deutschen Kinder- und Jugendbuchautorinnen, vielfach national und international ausgezeichnet.

Kirsten Boie: Monis Jahr. Oetinger 2003, 256 S., ab 11 J. und zum Vorlesen ab 9 J.

Okay – oberpeinliche Katastrophe

2005
Katherine Hannigan
Ida B... und ihre Pläne, so viel Spaß wie möglich zu haben, Unheil zu vermeiden und (eventuell) die Welt zu retten

Ich setzte mich auf die Veranda und schaute das Land und den Berg und die Bäume und die Sterne an, die, weiß Gott, nicht meine waren und es auch nie sein würden. Aber in einiger Hinsicht würden sie mir trotzdem immer gehören und es war völlig unmöglich, mir vorzustellen, dass ich ihnen nicht gehörte. In Worten ausgesprochen ergibt das vielleicht keinen Sinn, aber an dem Abend ergab es für mich durchaus einen Sinn.

Alles ist bestens bei dem fröhlichen Mädchen Ida B Applewood. Die Farm ihres Vaters Evan und ihrer Mutter Ida ist eine Idylle, die Ida B jeden Tag genießen kann, weil sie nicht zur Schule muss. Ida B wusste schon am ersten Schultag, dass sie damit nicht klarkommen würde. Sie protestierte so geschickt, dass ihr die Mutter das Versprechen gab, nie mehr in die Schule zu müssen, vorausgesetzt, der Heimunterricht würde klappen. Seither lehren Mam und Dad Ida B, die jedes Jahr ein öffentliches Examen mit sehr guten Ergebnissen ablegt.

Also verbringt Ida B ihre Zeit da, wo es ihr am besten gefällt: mit den Eltern, den Bäumen oder dem Berg vor dem Haus. *Wir sind die Hüter der Erde,* sagt der Vater und die Tochter entgegnet, *ich glaube, die Erde behütet uns.* Ida B spricht mit einem Bach und mit Apfelbäumen, denen sie Namen gegeben hat. Sie ist erfinderisch, zeichnet, schreibt, träumt und hat ihren Hund Rufus und ihre Katze Lulu. Und wenn sie in der Obstplantage spielt, sprechen die Bäume mit vielen verschiedenen Stimmen zu ihr.

Ärger mit den Eltern kriegt sie nur, wenn sie beispielsweise auf der Suche nach der bahnbrechenden Entwicklung einer »Seifenmaske« ihr Gesicht mit Hilfe eines Spülmittels in einen Anti-Schmutzpanzer verwandelt, der Kinder und Erwachsene dauerhaft von dem lästigen Gesichtwaschen befreien soll.

Alles könnte so schön weitergehen, wenn nicht Mam plötzlich schwer erkranken würde. Mit unerschütterlicher Zuversicht stellt sich Ida B zunächst dem Drama, legt beispielsweise die ausgefallenen Haare in *Ida B's Tasche vermischter Dinge für nicht fest umrissene Pläne.* Doch in der Folge verschlimmert sich das Leben Ida B's drastisch. Der Vater muss ein Stück des Landes verkaufen, um die Klinik-Kosten zu bezahlen. Auf diesem Grund stehen auch einige von Ida B's Lieblingsbäumen. Sie müssen gefällt werden, damit die neuen Eigentümer ihr Haus bauen können. Zudem muss Ida B wieder in die Schule, da die Mutter zu schwach ist, um sie weiterhin zu unterrichten. Damit bricht die Mutter ihr Versprechen. Der Vertrauensverlust, der Schmerz über die gefällten Bäume und der weiterhin ungewisse Gesundheitszustand der Mutter führen dazu, dass sich Ida B zurückzieht und radikal abschottet. Sie lässt ihr Herz *steinhart werden,* denn sie ist die Beschützerin des Tales, die die neuen Nachbarn, die Käufer des

Grundstücks, u.a. die nette Claire aus ihrer Klasse, verjagen muss. Mit den Eltern und in der Schule spricht sie nur das Nötigste. In ihrer großen Not holt sie sich einen schwachen Trost bei den Bäumen, die ihr zuflüstern, dass alles wieder in Ordnung komme.

Mit außerordentlich viel psychologischem Feingefühl schildert Katherine Hannigan die emotionale Notlage Ida B's, ein schwieriges Jahr, in der Ida B die Frage »wie war dein Tag?« nicht ertragen kann. Und als sie doch wieder ertönt, denkt Ida B: *Und jetzt hatte ich ein Problem. Ich musste einen Weg finden, die Befragung durchzustehen, ohne den Entschluss meines Herzens zu gefährden, und gleichzeitig die Laune meines Daddys umschiffen, der bestimmt nicht hören wollte, was irgendwie, und sei es auch nur ganz leicht, nach Unverschämtheit klänge. Schließlich brachte ich Folgendes heraus, das zwar passender klang als alle anderen Möglichkeiten, aber auf jeden Fall weit weg von gut: »Es war okay«, sagte ich. Aber in meinem Kopf sah »okay« so aus: O.K. Die beiden Buchstaben standen für ›Oberpeinliche Katastrophe‹«*

Die Eltern kapitulieren vor Ida B's Halsstarrigkeit. Nur Miss Washington, ihrer Lehrerin, gelingt es langsam und behutsam, Ida B in den Alltag zurückfinden zu lassen. Sie gibt Ida B Aufgaben, sei es laut Vorlesen, sei es Mathe-Nachilfe für Ronnie, mit dem sich Ida B wider willen allmählich anfreundet. Der zweite Teil dieses Romans schildert den schwierigen Weg Ida B's von der Trauer- und Trotzblockade zurück zum Glück. Sie verwandelt sich nicht in ihr altes munteres Selbst, aber in ein reiferes Mädchen, das um wichtige Erfahrungen reicher ist.

Katherine Hannigans Sprache macht diese wunderbare Geschichte zu einem prägenden Leseerlebnis. Isoliert mögen Hannigans Vergleiche, ihre ungewöhnliche Wortwahl überraschen, im Kontext verstärken sie die starken Stimmungen innerhalb der kleinen Familie, die neben ihrer Plantage und umgeben von Natur weitab städtischer Alltäglichkeit lebt. Allein die Bilder für den Tonfall bei Gesprächen sensibilisieren die Wahrnehmung der Leser, beispielsweise wenn Ida B den Vater beschreibt, wie er zur kranken Mutter spricht: *… und seine Stimme war weich wie ein Kaninchenfell und leicht wie Rauch* oder die Mutter, wie sie Ida B. bittet, ihr irgendwann auch einmal die Geschichte vorzulesen, die Ida B. ihrer Klasse vorgelesen hatte, wodurch sie sich wieder zu öffnen begann: *das sagte sie so sanft wie Schritte in frischem Schnee.* Das klingt hier vielleicht ein wenig kitschig, nicht aber im Buch, nicht aus Ida B's Perspektive. Die Wahrhaftigkeit nach der großen Angst und Trauer, nach der Isolation und Kälte, zu der sich Katherine Hannigans Figuren durchringen müssen, springt auf die Leser über.

Katherine Hannigan wurde in New York geboren. Heute lebt sie in Iowa, wo sie an der Universität Kunst und Design unterrichtet. *Ida B…* ist ihr erstes Kinderbuch. In den USA wurde es mit zahlreichen Preisen ausgezeichnet.

Katherine Hannigan: Ida B … und ihre Pläne, so viel Spaß wie möglich zu haben, Unheil zu vermeiden und (eventuell) die Welt zu retten. Aus dem Amerikanischen von Uwe-Michael Gutzschhahn. cbj 2005, 188 S., ab 10 J.

Ein Teufelskreis namens Verleugnung

2005
Nicky Singer
Auf einem schmalen Grat

Nicky Singer gehört zu den Autoren, die wenige dominierende Motive virtuos variieren. Singers Schwäche für Namen, fürs Nähen oder für Puppen kommt wie schon in *Norbert Nobody oder Das Versprechen* auch in ihrem zweiten in deutscher Sprache veröffentlichten Roman *Auf einem schmalen Grat* eindrücklich und diesmal dramatischer zur Geltung.

Zunächst irritiert das Buch. Es werden zahlreiche Ereignisse angedeutet, die lange Zeit Puzzleteile bleiben und sich nicht in die erzählte Situation integrieren lassen: Warum ist die kleine Puppe der 14-jährigen Tilly so dilettantisch verarbeitet, wo doch Tillys Mutter Judith Weaver, die sie der Tochter geschenkt hatte, eine professionelle Näherin war. Was bedeuten die roten Glasperlen am Handgelenk der Puppe? Wie ist Judith gestorben? Was hat es mit den Messern auf sich, die Tilly unentwegt anstarren muss? Trifft Tilly etwa eine Teilschuld am Tod ihrer Mutter? Und was hat der zweite Vorname Tillys, der mit M beginnt, zu bedeuten? Warum wird Tilly schwindlig, als sie im Lokal ihres Vaters Wodka serviert?

Singer lässt bis weit in die Hälfte des Romans hinein die Leser im Ungewissen und legt viele Spuren, die sich mitten im anspruchsvollen Erzählgelände verlieren und erst im letzten

Drittel einen dann umso faszinierenderen Sinn ergeben. Deshalb webt die 1956 geborene und in Brighton lebende Autorin ihre Nebenhandlungsfäden zunächst so wirr wie ein Schachspieler, der anfangs scheinbar unbeholfen seine Randfiguren arrangiert, um dann dank dieser verwinkelten Züge umso überraschender und schöner zu triumphieren. Das bedeutet nicht, dass die erste Hälfte des Romans, der im Original schlicht *Doll* heißt, schwer zu lesen wäre. Plot und Erzählstruktur sind einfach: Eine Puppe, genäht aus den Kleidern von Tillys toter Mutter, scheint mit dem verstörten und verzweifelten Mädchen zu sprechen, mal aufmunternd, mal niederschmetternd, und treibt es beinahe in den Tod. Der in Chile geborene Jan meint, Tillys Puppe sei wie ein Schlüssel in einer verrückt gewordenen Spieluhr. Jan selbst besitzt ebenfalls eine ihm wichtige Puppe und vermisst – wie Tilly – seine Mutter, die ihn als Kleinkind zur Adoption freigegeben hatte. Die beiden lernen sich an der Eisenbahnbrücke kennen, wo Tilly sich fast umgebracht hätte. Die selbstbewusste und auffallend schöne Mercy steht Jan und Tilly im Weg, aber die zwei introvertierten Teenager finden am Ende doch zueinander. Die Jan-Passagen werden aus der Fernperspektive des objektiven Beobachters erzählt, die Tilly-Passagen in der Ich-Form aus der Sicht des Mädchens.

Macht Totsein die Menschen perfekt?, fragt Tilly ihre Großmutter, die ständig von ihrem verstorbenen Mann schwärmt, von seiner Ehrlichkeit *(darum geht es beim Zusammenleben, um Ehrlichkeit, Vertrauen …)*. Das Insistieren der Großmutter auf ihrer makellosen Ehe belastet nicht nur die Enkelin. Auch Judith hatte Mühe, im Schatten eines früh verstorbenen, angeblich vollkommenen Vaters aufzuwachsen. Wie sehr die

Lebenslüge der Großmutter ihrer Tochter und der Enkelin geschadet hat, lässt sich nur erahnen. Als Tilly gegen Ende des Romans erfährt, dass ihr Großvater eine Geliebte hatte und betrunken am Steuer seines Wagens starb, ist das die Möglichkeit für einen Neuanfang. Vielleicht log Tilly früher, weil sie spürte, dass mit der heilen Fassade der Großmutter etwas nicht stimmte: Tilly erzählte ihren Mitschülern, ihre Mutter wäre tot.

Die Autorin ließ ihre Hauptfigur zu Beginn des Buches ungehindert fantasieren. Die Figuren im Roman glaubten Tilly und die Leser glaubten der Autorin. Daher finden mehrere Schlüsselszenen in diesem Roman zweimal statt, wodurch dieser raffiniert konstruierte Text, der als Modell in allen Creative-Writing-Kursen eingesetzt werden sollte, überreich an erzählerischen Höhepunkten ist: die Schilderung von Tillys Puppe, die aus Judiths zerschnittenen Kleidern besteht; Judiths Beinah-Tod; das Sterbezimmer und das Bild der roten Rosenblätter, die dort auf dem Fußboden liegen; Tilly, die an der Nähmaschine ihrer Mutter sitzt, am Handrad dreht und mit den Füßen zu treten beginnt, worauf die Maschine ein tröstliches Rumpeln von sich gibt, das Hintergrundgeräusch von Tillys Kindheit, das jetzt Erinnerungen hochspult; die Stiche, die auch der Leser spürt, als Tilly ihre Puppe wiederfindet, die während einer Anprobe als Nadelkissen für Mercys Schneiderin diente; Tilly, die sich mit der letzten Nadel, die in ihrer Sorgenpuppe steckt, an der Eisenbahnbrücke am Handgelenk aufkratzt, und Jan, der Tillys Schrei mit einem sanften Kuss erstickt; Mercy, die Jan gegenüber kritisiert, dass Tilly Kleinigkeiten so ernst nehme und sich deshalb zu sehr über die Nadeln in ihrem Voodoopüppchen aufrege …

Aber darum geht es in diesem Buch, um das Ernstnehmen von Kleinigkeiten.

Nicky Singer schont die Leser nicht: Sie schildert ein traumatisiertes Mädchen, ein Scheidungsopfer, das umgeben ist von Menschen, die ihr Vorwürfe machen: sie sei impulsiv, rücksichtslos und jähzornig. Tilly muss – so wie Jan – an der Mutterliebe zweifeln. Ein Grund für die Missstände verbirgt sich unter dem Rotkäppchenröckchen, wo Judith ihre eiserne Reserve versteckte. Es ist nur eine Frage der Zeit, bis auch Tilly die Rotkäppchenflüssigkeit trinkt, obwohl sie weiß, wie das enden kann: mit der verzweifelten Suche nach Hustensaft, Aftershave oder irgendetwas, das betäubt. Es endet im eigenen Erbrochenen, in der Ausnüchterungszelle, im Suizidversuch. Judith hat sich nicht zum ersten Mal die Pulsadern aufgeschnitten. Weil sie aber Tilly schon früher versprochen hatte, es aus Liebe zu ihr nie wieder zu tun, ließ es Tilly diesmal zu, griff nicht ein, sondern verschönerte die Sterbesituation mit Rosenblättern, damit es irgendwie doch ein schönes Ende werden sollte. Selten liegen Mutterliebe und Mutterhass so nahe beieinander.

Selten werden widerprüchliche Gefühle so offen diskutiert. *Auf einem schmalen Grat* ist deshalb auch ein Roman über das Erwachsenwerden, über erste Liebe und über das verfrühte Loslösen von den Eltern.

Für einen Charity-Gala-Abend, an dem ein regionaler Popstar gekürt werden soll, macht sich Tilly aus Trotz zum Freak. *Ich wähle mir meine eigenen Lumpen aus und stelle mich als Aschenputtel zur Schau, das seinem Prinz gleichgültig ist und dessen gute Fee tot ist,* denkt Tilly und näht sich mit *großen, unbeholfenen Stichen, solche wie in Filmen an einer Leiche nach der Autopsie* einen unförmigen Overall aus bunten Fetzen. Der Kontrast zur perfekt gestylten Mercy könnte nicht größer sein. Jan vermasselt seinen Auftritt mit der Band, legt die Gitarre beiseite und spielt für alle unerwartet auf seiner Antara, einer Panflöte aus Bolivien, in die man im Winter Saatkörner hineinstecken muss – ein Tipp von Tilly, den Jan befolgt hat und den seither das Rasseln der Saatkörner an das seltsame Mädchen erinnert. Jan spielt die Melodie von der Brücke, als Tilly sich selbst Wunden zufügte. Tilly erkennt das Lied, und Jans Mutter hört erstmals überrascht die südamerikanischen Klänge und akzeptiert Jans Wunsch, sich zu seiner Herkunft zu bekennen. Jan sieht Tilly neben Mercy stehen und meint, Tilly sei seine Mutter: *Es ist das Gesicht eines chilenischen Aschenputtels, wunderschön und in Trauer.* Jan spielt sich von seinen Adoptionssorgen frei und gleichzeitig zerstört Tilly ihre Puppe. Die Steine fallen – wie rote Blütenblätter – zu Boden. Kurz darauf in der Suchtklinik merkt Tilly, dass das Schicksal ihrer Mutter – zumindest dort – zur Normalität gehört. Tilly M, ein M, das für Märchentante stehen könnte, für ein Mädchen, das andere und sich selbst belügt, um mit der trinkenden Mutter fertig zu werden, stellt fest, dass ihre Mutter kein Freak ist, dem man nacheifern muss. Der Roman endet mit einem befreienden Lachen und zwei stillen Liebeszenen, die noch einmal ein wunderbares Vexierspiel mit Namen treiben. *Auf einem schmalen Grat* schildert nicht nur den *Teufelskreis namens Verleugnung* von Suchtkranken, sondern vor allem dessen Folgen für die Angehörigen. Eindrücklicher lässt sich nicht erzählen, dass es im Leben oft nur darum geht, nichts vorzutäuschen und zu akzeptieren, wer man ist.

Nicky Singer, geboren 1956, arbeitete in Verlagen, in der Kunstförderung und fürs Fernsehen. Sie lebt in Brighton (England) und schreibt Romane für Jugendliche und für Erwachsene.

Nicky Singer: Auf einem schmalen Grat. Aus dem Englischen von Uwe-Michael Gutzschhahn. dtv junior extra 2005, 192 S., ab 14 J.

Schattenseiten der Schönheit

2005
Andrea Hauner / Elke Reichart
Bodytalk. Der riskante Kult um Körper und Schönheit

Der Einstieg in dieses Buch ist hart: Gleich zu Beginn des ersten Kapitels werden vier am Computer generierte Bilder gezeigt und kommentiert:
– das Gesicht einer attraktiven Frau
– der Prototyp eines weiblichen »Unsexy-Gesichts«
– das Gesicht eines attraktiven Mannes
– der Prototyp für ein unattraktives Männergesicht

Da läuft sofort jeder Teenager mit dem Buch vor den Spiegel, um sich mit den (Anti-) Models zu vergleichen. Damit ist aber auch die Neugier, das Interesse für dieses außergewöhnliche Buch geweckt. Dank der geschickten Dramaturgie (Körper und Schönheit historisch, psychologisch, medizinisch und medial), dank der zum Teil schonungslosen Beiträge, des stark sachbuchorientierten Layouts und des herausragenden, manchmal drastischen Bildmaterials ist *Bodytalk* ein wichtiger Begleiter für Pubertierende.

Idealgewicht, Idealfigur, Idealgesicht: Immer mehr Teenager vertrauen sich der kosmetischen Chirurgie an, manche mit der Begründung, dies sei ein Sieg über die biologische Willkür.

Immer jünger werden Kinder, die vom Fitnesswahn und vom Schlankheitsrausch erfasst werden.

Trotz – oder vielleicht auch dank des harten Einstiegs werden am Ende dieses Buches weniger Jugendliche mit dem Gedanken spielen, sich für erträumte Maße unters Messer zu legen. *Bodytalk* kommt bescheiden als Sachbuch, nicht als Ratgeber daher. Doch beim Lesen erweist sich *Bodytalk* als gutes Mittel, um Teenagern klar zu machen, dass ihr Selbstwertgefühl nicht vorrangig vom Aussehen abhängig sein darf, dass Schönheitsideale relativ sind, der Beautyterror ein medialer Hype ist. Erkenntnisse wie die einer schwedischen Studie, die ergeben hat, dass die Suizidrate bei Frauen mit natürlicher Brust wesentlich niedriger ist als bei Frauen mit Brustimplantaten, unterstützen die Abkehr vom gnadenlosen Zwang zur Schönheit.

Andrea Hauner, geboren 1959, studierte Germanistik und Geschichte und arbeitete als Autorin und Fernsehjournalistin für ZDF, ARD und Arte. Sie lebt in der Schweiz.

Elke Reichart ist Absolventin der Deutschen Journalistenschule in München. Sie schreibt als Autorin mit dem Schwerpunkt Medizin. *Bodytalk* ist ihr fünftes Buch als Herausgeberin.

Andrea Hauner / Elke Reichart: Bodytalk. Der riskante Kult um Köper und Schönheit. dtv / Reihe Hanser 2005, 204 S., ab 13 J.

Uninformiert, unaufgeklärt, desorientiert

2005
Alois Prinz
Lieber wütend als traurig – Die Lebensgeschichte der Ulrike Marie Meinhof

Gerade das Beispiel ihres Vaters lässt Ulrike daran zweifeln, ob der Weg, der vor ihr liegt, wirklich der richtige ist. Warum ist das alles nötig, was man von ihr erwartet? Kann man nicht auch glücklich leben ohne Latein und Mathematik, ohne Abitur und Karriere? Ist es nicht wichtiger, »in der Wahrheit zu leben«, wie Franz Kafka sagte und wie es gerade Künstler versuchten?

Diese Gedanken treiben die 18-jährige Ulrike Meinhof um. Sie sind ein winziger Splitter eines außergewöhnlichen Lebens, dessen Facetten wie nie zuvor von einem erfahrenen Biographen untersucht wurden. Allein dieser Splitter zeigt, dass Meinhofs Lebensweg auch für heutige Jugendliche interessant ist. Meinhofs radikales Denken und das Robin-Hood-Motiv faszinieren Jungen und Mädchen gleichermaßen.

Aber wann und warum schlagen Engagement für Gerechtigkeit und Frieden um in Gewalt und Feindseligkeit? Wie ist es möglich, dass aus einem begabten und sensiblen Mädchen, aus einer angesehenen Journalistin eine Terroristin wird, die bereit ist, über Leichen zu gehen?

Prinz folgt chronologisch, zurückhaltend und nachdenklich den Lebensspuren Ulrike Marie Meinhofs (1934–1976) von der Kindheit im Dritten Reich bis zu ihrem Tod in der Strafvollzugsanstalt Stammheim. In jeder Lebenssituation blitzt auch deutsche Geschichte auf. Alois Prinz besuchte Originalschauplätze, sprach mit Verwandten und Freunden Meinhofs und trug wichtiges, zum Teil bislang unveröffentlichtes Material zusammen, das auch für Experten Neuigkeitswert hat. Aus dieser umfassenden Stoffsammlung und dank der distanzierten und respektvollen, aber schnörkellosen Sprache des Autors entsteht nicht nur ein lebendiges, gut nachvollziehbares Porträt Meinhofs, sondern auch ein leicht überschaubares Tableau der Nachkriegszeit in Deutschland.

Prinz stilisiert die Mitbegründerin der Rote Armee Fraktion RAF nicht als Heldin oder Märtyrerin, sondern zeigt eine kluge und tatkräftige Frau sowohl in ihrer Konsequenz als auch in ihrer Zerrissenheit und lässt die unzähligen Legendenbildungen links liegen. Meinhofs brüchige Biographie wird hier detailgetreu freigelegt. Prinz will verstehen – sachlich und vorurteilslos. Damit hätte er sich in den 70er Jahren schon verdächtig gemacht. Heute akzeptiert man, dass Prinz' differenzierte und abwägende Arbeit nichts mit stillem Einverständnis mit dem bewaffneten Kampf der RAF zu tun hat. Diese außergewöhnliche Frau, die »Stimme der RAF«, den »Staatsfeind Nr. 1« zu beurteilen obliegt den Lesern – hier den Hörern –, das ist das Verdienst von Prinz.

Bei einer Lesung erklärte Alois Prinz, dass das Schreiben ihm keineswegs leicht gefallen sei: »Jedes Wort musste zigmal umgedreht werden, um keine bestimmte Richtung einzunehmen. Wenn man eine Biographie schreibt, sollte das über einen Menschen sein, der auch Vorbild ist. Meinhof dagegen wird als Unperson gesehen, bei der man Angst hat, dass sie am Ende positiv dargestellt werden könnte.«

Alois Prinz spricht den Pro- und den Epilog. Damit verstärkt er den ohnehin schon persönlichen Stil dieser Texte. Sie verleihen der Biographie Authentizität und Glaubwürdigkeit. Eva Mattes unterbricht mit kurzen Sätzen die von Axel Milberg erzählte Biographie. Mattes leiht allen Aussagen Meinhofs ihre eindringliche Stimme. Diese Einschübe sind es, die den dokumentarischen Charakter des Textes auflockern.

In der Mai-Nummer von *konkret* war 1961 eine Kolumne von Ulrike Meinhof erschienen, mit der Überschrift »Hitler in euch«, worin sie andere Konsequenzen aus den Erfahrungen des Nationalsozialismus forderte: »Versöhnung mit dem Gegner von damals, Koexistenz statt Krieg, verhandeln statt rüsten.«

Meinhofs Texte lesen sich heute so frisch wie vor vierzig Jahren: »Sie lebt an sich selbst und ihrer Geschichte vorbei, die Bevölkerung der Bundesrepublik, uninformiert, unaufgeklärt, desorientiert, unentschieden zwischen *Pril* und *Sunil,* im Bilde über *Alete*-Kinderkost und Küchenmaschinen, nicht über Angriffspakt und kernwaffenfreie Zonen.«

Alois Prinz wurde 1958 in Wurmannsquick, einem Ort in Niederbayern, geboren, studierte in München Germanistik, Politologie, Philosophie und Kommunikationswissenschaften. Er promovierte 1988 mit einer Arbeit über die 68er Studentenbewegung und ihren Einfluss auf die Literatur. Prinz arbeitete als Journalist, verfasste wissenschaftliche Texte und zuletzt die Biographien *Beruf Philosophin oder Die Liebe zur Welt.*

Die Lebensgeschichte der Hannah Arendt und *Und jedem Anfang wohnt ein Zauber inne. Die Lebensgeschichte des Hermann Hesse.* Alois Prinz lebt mit seiner Frau, eine fest angestellte Pfarrerin, und den beiden gemeinsamen Kindern in einem kleinen Ort östlich von München.

Alois Prinz: Lieber wütend als traurig – Die Lebensgeschichte der Ulrike Marie Meinhof, autorisierte Lesefassung, vorgelesen von Eva Mattes, Axel Milberg und Alois Prinz. 5 CDs, Hörcompany 2005, ab 14 J.

»Wann lesen wir wieder Delorge?«

2005
Buch-Tipp von Gundel Mattenklott:
Friedrich Schiller / Jacky Gleich (Ill.)
Der Handschuh

»Meine Schwester und ich haben beim Abwaschen oft Balladen aufgesagt. Da waren auch welche von Schiller dabei. Aber *Der Handschuh* hat mich damals nicht besonders beeindruckt«, gesteht Gundel Mattenklott, Literaturkritikerin und Professorin an der Universität der Künste in Berlin.

Der Handschuh wurde von James Krüss in seine Anthologie *So viele Tage wie das Jahr hat* (1959 / 2001) aufgenommen. Im Schillerjahr hat sich der Kindermann Verlag ebenfalls für diese Geschichte über Hochmut und Tapferkeit entschieden. Schiller lag ein Bericht vor, nach dem am Hof des französischen Königs Franz I. (1515 – 1547) ein Edelmann einer Dame ihren Handschuh vor die Füße warf, den diese zuvor in einem »Theater für Tierhatzen« zu den Löwen hatte hinunterfallen lassen.

Vielleicht liegt die Wahl dieses farbenprächtigen Bilderbuches am Ambiente, in dem das Gespräch stattfindet, dem Tutzinger Schloss? Vielleicht spielt der Vortrag eine Rolle, den Gundel Mattenklott gerade anlässlich der Tagung *Jugendliteratur und kultureller Wandel – 50 Jahre Deutscher Jugendliteraturpreis* gehalten hat, worin sie *Stationen, Wendepunkte und*

Moden in den ausgezeichneten Kinder- und Jugendbüchern darstellte, darin virtuos mit dem Motiv des Löwen agierte und immer wieder den vorgegebenen Rahmen sprengte, indem sie beispielsweise auf Zizou Corders *Lionboy*-Trilogie verwies? Am Rande der Tagung setzt Mattenklott jedenfalls im Salon des Schlosses Tutzing den originellen Weg mit Löwen fort, die den Sprung auf die Nominierungslisten (noch) nicht geschafft haben. Das Buch liegt beim Gespräch nicht vor, aber Mattenklott zitiert auswendig:

… und hinein mit bedächtigem Schritt
ein Löwe tritt
und sieht sich stumm
rings um
mit langem Gähnen
und schüttelt die Mähnen
und streckt die Glieder
und legt sich nieder.

Mattenklotts dreieinhalbjähriges Enkelkind war in Berlin zu Besuch, als die Frühjahrsproduktion der Verlage eintraf, jeden Tag ein Paket und keine Zeit zum Sortieren. Nur das neue Buch von Jacky Gleich zog die agile Großmutter heraus und begann dem Enkel sofort vorzulesen, ohne es vorher zu prüfen. »In dieser Zeit, als Rafael bei uns war, wurde das sein Lieblingsbuch. Und als er wegfuhr, musste seine Mutter das Buch kaufen«, erinnert sich Mattenklott. Sie verweist auf die ungewöhnliche Situation: »Ich habe das Buch gemeinsam mit dem Kind kennen gelernt und war dadurch in eine doppelte Rezeptionshaltung involviert – die einer Erwachsenen und die eines Kindes. Bei der Buchbetrachtung im Dialog mit dem Enkel habe ich die Ballade neu schätzen gelernt und Besonderheiten in Bild und Text bewundert.«

Gähnen, Kopf schütteln, Glieder strecken, sich niederlegen – das könne das Kind alles auch. Das können Groß und Klein gemeinsam und körperlich machen. Die mimetische Lust der Kinder werde dabei herausgefordert und entfalte sich. Und sprachlich sei das leicht zu rezipieren: Ein wunderbarer Gute-Nacht-Vers, sagt Mattenklott. Zur Faszination beigetragen habe aber auch das Unverstandene, ein Aspekt, der von der Literaturdidaktik unterschätzt werde. Kinder seien in dem Alter leicht für Sprache zu begeistern. Jeden Tag kommen neue Wörter hinzu, Wörter, die Geheimnisse bilden, die durch Rhythmus und Klang rätselhaft und interessant sind. Mattenklotts Enkel hörte sich die Geschichte jeden Tag an. Er fand auch die Namen wunderbar: Ritter Delorge! Er sagte: »Wann lesen wir wieder Delorge?«

Der Text Schillers ist präzise, folgt einer genauen Dramaturgie und erzeugt stimmungsvolle Szenen, die Mattenklotts Enkel sehr angesprochen haben. Das gilt natürlich auch für den Reim und die daraus entstehende Lust an der Wiederholung.

Der Kernsatz der Ballade fällt, nachdem Delorge den Handschuh aus dem Löwenkäfig heraufgeholt und der koketten Kunigunde ins Gesicht geschleudert hat: *Den Dank, Dame, begehr ich nicht!*

Nachdem Rafael sich das einige Male angehört hat, fragt er: »Was heißt eigentlich ›begehr‹?« Er hatte sich all die Tage nicht daran gestört, »begehr« nicht verstanden zu haben. Er hatte das Wort nach eigener Facon interpretiert. Da faszinierte ihn etwas, das nichts mit dem Eins-zu-Eins-Verstehen zu tun hat, das die Erwachsenen erwarten. Das gilt auch für die Provokation, die Eitelkeit und den Stolz, von denen die Geschichte erzählt. Und ebenso für die durch Koketterie ausgelöste, schließlich lieblose, ja brutale Mutprobe, die Kunigunde verlangt, und natürlich auch für die Moral der Ballade, dem Appell, nicht mit den Gefühlen der Menschen zu spielen. »Kinder verstehen ohnehin immer anders, als wir denken«, fasst Mattenklott zusammen. Sie erinnert sich, dass sie die Geschichte die ersten Male dramatisierend vorgelesen hatte, vor allem beim Einzug der Raubtiere. Später durfte es nicht zu laut sein. Die Lautstärke von Omas Stimme regulierte sich nach der zwischen Lust und Angst changierenden emotionalen Reaktion des Enkels – als er bei einem Zoobesuch erst-

mals einen echten Löwen brüllen hörte, achtete er auf sicheren Abstand.

Mattenklott schätzt die schwungvollen und farbenprächtigen Bilder Jacky Gleichs, die bekannt ist für ihre schrägen Bildgestaltungen und exzentrischen Raumkonstruktionen. Mittelpunkte werden häufig hinausverlagert an den Rand. Das ist auch für dieses Buch charakteristisch. Dadurch und durch leuchtend leere Flächen kommen die Raubtiermanege und die Physiognomie der Handelnden stärker zur Geltung als der Prunk des Hofes. Gleichs Kunst zeigt sich auch in der Darstellung der jungen Hofdamen, ihrer Lust am Klatsch und Tratsch, ihrem Spötteln und Feixen, dem Kippen der Stimmung, dem Ändern der Meinung, als Delorge den vermeintlichen Liebesbeweis erbringt. Wer aufpasst, entdeckt jedoch auch eine Dame, die Delorge von Anfang an wirklich mag.

Jacky Gleich betrachte neben den großflächigen Motiven die Szenen differenziert, kleistere den Text nicht zu, sondern gehe in ihn hinein, um Bedeutungskerne freizulegen, die bei Schiller nicht ausdrücklich formuliert sind, lobt Mattenklott. Sie hebt den liebevoll gemalten Delorge (man achte auf die Widmung, auf die nachdenkliche, ja traurige Haltung des Ritters Bruno) und die Dramatik beim Beziehungsbruch hervor und weist auf die letzte Doppelseite nach dem Balladen-Ende hin, worauf in einer Totale von oben die große weite Landschaft gezeigt wird und in ihr Delorge, der sich von dem Schloss entfernt und – gefolgt von den Tieren – durch das Tal zieht. »Für Kinder und uns alle wird das Leben des Ritters Delorge weitererzählt. Offenbar ist er in gutem Einvernehmen mit den Tieren. War er schon mit ihnen vertraut oder wurde er es erst durch die gefährliche Begegnung im Zwinger?«, fasst Mattenklott das Diskussionspotenzial zusammen, das am tröstlichen Ende der gemeinsamen Lektüre zwischen Kind und Großmutter entsteht.

Das Bilderbuch als erster und daher besonders wichtiger Baustein einer Lesebiographie soll künftig wieder stärker gefördert werden, so wünschen es die Arbeitsgemeinschaft von Jugendbuchverlagen, der Arbeitskreis für Jugendliteratur und die Stiftung Lesen. Schillers Ballade mit Gleichs Bildern ist ein kleiner Beitrag dazu.

Johann Christoph Friedrich von Schiller (1759 – 1805) war einer der größten deutschen Dichter. Seine Freundschaft mit Goethe inspirierte ihn zu den wichtigsten Gedichten und klassischen Meisterdramen. Im so genannten »Balladenjahr« 1797 entstand u.a. *Der Handschuh,* der zusammen mit anderen berühmten Gedichten im *Musenalmanach für das Jahr 1798* erschien.

Jacky Gleich, 1964 geboren, studierte Animation an der Filmhochschule Babelsberg in Potsdam. Sie hat über 40 Bücher für Kinder und Erwachsene illustriert und dafür zahlreiche Auszeichnungen erhalten, u.a. den Deutschen Jugendliteraturpreis 1998. Jacky Gleich hat schon manchen Handschuh verloren …

Friedrich Schiller / Jacky Gleich (Ill.): Der Handschuh. Kindermann 2005, 24 S., ab 7 J. und zum Vorlesen

Zur Konjunktur des Kinderliteraturkanons

Eine Buchhandlung irgendwo in Deutschland: »Hätten Sie etwas für meine Enkel? Tim ist dreizehn und liest nicht gerne. Julia ist neun und eine echte Leseratte. Aber ich kenn mich überhaupt nicht aus!« Die Buchhändlerin reagiert reflexartig. Im Nu hält die Großmutter vier Bücher zur Auswahl in Händen. Aber welche? Und was sagen die Kinder dazu?

Neue Ratgeber, Orientierungshilfen und Empfehlungslisten sowohl für Buchhändler als auch für Endkunden drängen auf den Buchmarkt und tragen zur Bildung eines aktuellen Kinderliteraturkanons bei, der die Reflexe der Buchhändlerin mitbestimmt. Noch Mitte der 90er Jahre war die Skepsis gegenüber normativen Traditionskanones – ob im Deutschunterricht oder schulbegleitend – groß: Bücher, die Kindern vorschreiben, was sie gelesen haben sollten und warum, waren grundsätzlich unerwünscht. Ende der 90er schwächte sich diese Tendenz ab, um jetzt einem entgegengesetzten Trend zu weichen, für den es gute Gründe gibt. Die Kinder- und Jugendliteratur (KJL) emanzipiert sich seit den 60er Jahren. Kinderbücher erreichen ein größer werdendes, oftmals auch erwachsenes Publikum. Die Kanondebatte in der allgemeinen Literaturwissenschaft und der Wandel des Kindheitsbildes in der modernen Mediengesellschaft fördern den Wunsch nach einem Kinderliteraturkanon. Der Kanonbedarf verschärft sich historisch gesehen in innovativ schwachen Epochen. Möglicherweise ist also auch eine mangelnde Qualität der KJL der Gegenwart mit ein Auslöser für den Wunsch nach festen literarischen Größen. Inzwischen hat sich zudem die Erkenntnis durchgesetzt, dass jeder Kanon einen Gegenkanon evoziert und jeder Phase der Kanonisierung eine Phase der Dekanonisierung folgt.

Zwei parallel verlaufende Entwicklungen sind zu beobachten: Einerseits eine schwebende und divergierende Kanonisierung der KJL, die in Fachzeitschriften, Feuilletons, Lexika, bei Preisverleihungen usw. unkoordiniert verläuft und keinen Status quo anstrebt. »Es gibt weder einen internationalen sanktionierten Kanon klassischer Kinderbücher, noch herrscht Übereinstimmung hinsichtlich nationaler Kinderliteraturkanones«, sagt die Germanistin Bettina Kümmerling-Meibauer. Andererseits häufen sich die Versuche – nicht erst seit der PISA-Studie –, diesem vermeintlichen Missstand ein Ende zu setzen. Davon zeugen die zahlreichen Neuerscheinungen. Manche sind in ihrem Ansatz bescheiden (Leinkauf), andere treten selbstbewusst auf (Osberghaus), aber allen ist das Auswählen gemein und somit das Präsentieren von empfohlenen Büchern, die man – trotz aller gegenteiliger Beteuerungen – doch eher lesen sollte als andere.

Einen viel beachteten Auftakt machte 1999 Bettina Kümmerling-Meibauer mit ihrem internationalen Lexikon *Klassiker der Kinder- und Jugendliteratur* (J. B. Metzler), worin die Universitätsdozentin nicht nur die anerkannten Werke aus europäischen und nordamerikanischen Ländern, sondern auch viele, hier wenig oder gänzlich unbekannte Bücher afrikanischer, südamerikanischer und asiatischer Kinderbuchautoren vorstellte. Es gelang ihr damit, eine wissenschaftliche Kanondiskussion auszulösen, die sich auch auf den populären Buchmarkt auswirkte.

Susanne Gaschkes *Hexen, Hobbits und Piraten – Die besten Bücher für Kinder* (DVA) stellt 100 Werke vor. Die Auswahl ist stark mit der eigenen Lesebiographie verknüpft und schwankt zwischen der Ablehnung eines Kanons und jeglicher Lektürevorschriften und der dann doch belehrend und mahnend formulierten Empfehlung. In zahlreichen Kritiken wurde der ZEIT-Redakteurin Gaschke die Rückwärtsgewandtheit ihrer Tipps vorgeworfen, wodurch sie heutigen Eltern die Orientierung auf dem aktuellen Buchmarkt nicht erleichtere.

Aktueller ist Simone Leinkaufs Ratgeber *Leseratte, Bücherwurm & Co.* (Beust), eine Empfehlungsliste, die vorwiegend aus thematisch geordneten Kurzrezensionen besteht. »Denn für die meisten Erwachsenen ist das Angebot unüberschaubar, so dass der Gang in die Buchhandlung oft mehr Verwirrung als Klarheit schafft«, schreibt Leinkauf. Sie geht von ähnlichen Prämissen aus wie Gaschke: Die vorgestellten Bücher sollen Kinder begeistern, sie zum Lesen verlocken und ihnen möglichst eine neue Welt erschließen. Doch der literarische Anspruch ist bei Leinkauf niedriger: Sie verweist auf die Problematik, dass Titel, die auf Auswahllisten stehen, nicht immer die Bücher seien, zu denen Kinder und Jugendliche selbst greifen würden. Dementsprechend viele populäre und literarisch nicht anspruchsvolle Bücher sind in Leinkaufs Empfehlungen vertreten. Unter allen neuen Empfehlungslisten pocht diese – gemeinsam mit *Harry & Pooh* und *Warum Jungen nicht mehr lesen* – am stärksten darauf, von Kindern getestet zu sein.

Bei Isa Schikorskys *Schnellkurs Kinder- und Jugendliteratur* (DuMont) beginnt die Kanonbildung schon mit dem Buchumschlag, auf dem optisch zehn Kinderbuchklassiker präsentiert werden. Mit großer Sachkenntnis stellt Schikorsky die Entwicklung der KJL von den Anfängen in der Antike bis zur Gegenwart vor. Sie konzentriert sich dabei auf den Fortschritt in jeder Epoche und auf die innovativen Momente, insbesondere auf inhaltliche, sprachlich-stilistische und formale Neuerungen. Ihre objektivierende Distanz zu den vorgestellten Werken gibt sie selten auf. Manchmal aber spürt man Schikorskys Begeisterung (beispielsweise für Saint-Exupérys kleinen Prinzen: »eine der liebenswertesten Figuren der gesamten KJL«) oder Skepsis (beispielsweise bei Pausewangs *Wolke:* »ein eindringliches, allerdings zuweilen tendenziöses Buch« oder bei *Crazy:* »Zuletzt bemühte sich Benjamin Lebert vergeblich, Holden Caulfield zu kopieren«). Schikorsky beendet ihren KJL-Kurs mit einem Lob für Rowling. Der Schnellkurs bietet kaum Überraschungen und bejaht einen schwebenden Kanon. Er ist vor allem für KJL-Einsteiger interessant, die sich einen Überblick verschaffen wollen.

Unterhaltsamer, aber auch subjektiver, ohne historisches Wissen vermitteln zu wollen, zielt Monika Osberghaus mit *Was soll ich denn lesen? 50 beste Kinderbücher* (dtv/Reihe Hanser) auf die Bildung eines neuen Kanons für Kinder zwischen acht und zwölf Jahren, wobei sie pädagogische oder didaktische Erwägungen eher beiseite lässt. Ihre zwei wichtigsten Auswahlkriterien: Der Eindruck, den ein Buch macht, muss tief sein und lange anhalten und das Buch muss für Kinder von heute leicht lesbar und interessant sein. Die FAZ-Mitarbeiterin vermeidet bewusst eine Bestseller- und Klassikerversammlung und nimmt in ihre persönliche Bestenliste mehrere Bücher auf, die nie den großen Durchbruch geschafft haben. Dieser Kanon ist wohl der witzigste und überraschendste aller Versuche, Erziehern einen guten Lektüre-Überblick zu geben.

Weitere wichtige und wertvolle Empfehlungslisten erschienen periodisch: Gabriele Hoffmanns *Harry & Pooh* (Libri) will ebenso wie die *Bücher-Box* (MVB) oder die verschiedenen, sehr sorgfältig erarbeiteten Publikationen des Arbeitskreises für Jugendliteratur und die *White Ravens* der Internationalen Jugendbibliothek all jenen eine Orientierungshilfe bieten, die mit Kindern leben und arbeiten und nach guten neuen Kinderbüchern suchen. Der großformatige Katalog (auch »Leanders Lieblinge« genannt) der Buchhändlerin Gabriele Hoffmann überzeugt zudem durch die gesonderten Rubriken »Klassenlektüre« und »Kinderbeschäftigung« und durch ein übersichtliches Symbolsystem. Thieles und Steitz-Kallenbachs *Handbuch Kinderliteratur* (Herder) möchte Erzieher anregen, sich mit aktuellen Fragen der Kinderliteratur v.a. für die Arbeit in Kindergärten auseinander zu setzen. Die Herausgeber stellen alle kinderliterarischen Gattungen in heutige Zusammenhänge und beziehen das mediale Umfeld kritisch mit ein, in dem Texte und Bilder wirken. Anhand aktueller Beispiele wird klar, wie Kinder heute in bildnerische und literarische Welten hineinwachsen. Gezeigt wird auch, wie sich traditionelle Formen der Kinderliteratur in Auflösung befinden und wie Grundstrukturen literarischen Erzählens inmitten hochbeschleunigter Bilder (Filme, PC-Spiele) verloren gehen. Jens Thiele konstatiert, dass die Mediatisierung der Kinderkultur Einzug in die Kinderliteratur hält und dass dadurch bereits im Bilderbuch lineare narrative Prozesse aufgelöst werden. Das Fragmentarische und Patchworkartige habe sich zu einer Tendenz im Bilderbuch entfaltet; bestimmende Merkmale seien nicht mehr die Einheitlichkeit des Stils und die Geschlossenheit der Form, sondern im Sinne postmoderner Entgrenzung eine Vielfalt der Bildstile und eine Nonlinearität der Erzählung, so Thiele. Daher mündet das *Handbuch Kinderliteratur* in ein konservatives und provozierendes Plädoyer für traditionelle Erzählformen: »Wenn Kinder im Kindergarten lernen, dass literarisches Erzählen aus zwar anregenden, ästhetisch stimulierenden, aber letztlich beliebigen Fragmenten besteht, werden sie die eigentliche literarische Bedeutung für ihr eigenes Leben nicht mehr entdecken können.« Das sind Argumente, die auch in die akademische Kanondiskussion einfließen können. Bettina Kümmerling-Meibauer fordert in *Kinderliteratur, Kanonbildung und literarische Wertung* (J. B. Metzler) für jeden kanonbildenden Versuch die Offenlegung der Auswahlkriterien. Die Wirkungs- und Wertungsgeschichte, die literarisch-ästhetische Qualität, die Vorbildfunktion, die Popularität und die Langlebigkeit der Werke sind Kriterien, die in jedem Fall berücksichtigt werden sollen.

Katrin Müller-Walde gibt in ihrem Buch *Warum Jungen nicht mehr lesen und wie wir das ändern können* (Campus) Lesetipps stark praxisbezogen. Lesenswert ist ihr Ansatz vor allem, weil sie sich strikt auf die Problematik bei Jungen konzentriert. Wie viele ihrer Kollegen geht sie dabei systematisch vor: Die Empfehlungen werden anhand von Tabellen inklusive Bewertungen ausgesprochen, fassen den Inhalt kurz zusammen und beteuern, dass dieses oder jenes Buch lesenswert sei. Leider ist von der Begeisterung der Person, die den Buchtipp gibt, wenig zu spüren. Oft ist das auch unmöglich, denn Müller-Walde und ihre erwachsenen Experten berufen sich auf Umfrageergebnisse unter Kindern und Jugendlichen und geben diese wieder, manchmal ohne die Bücher, um die es geht, selbst gelesen zu haben.

Kinderliteratur ist einem ständigen Wertungsprozess unterworfen. Die Fülle an kanonbildenden Publikationen verdeutlicht den Wunsch nach einem Kernkanon, der Allgemeingültigkeit und Repräsentativität beansprucht. Die Pflichtlektüre-Listen der Schulen reichen hierfür nicht aus. Erfreulich an der aktuellen Entwicklung ist deshalb das Zustandekommen eines durchlässigen und aktiven Kanons. Ob Tim und Julia mehr und bessere Bücher lesen, hängt entscheidend vom Reflex der Buchhändlerin ab. Er bleibt unvorhersehbar und ist immer wieder neu und überraschend.

Nicola Bardola

Inhalt